サカナ・レッスン

SAKANA LESSON

美味しい日本で寿司に死す

キャスリーン・フリン
村井理子 訳

ディアハウス

主な登場人物

わたし：キャスリーン・フリン。本書の著者。魚がちょっとこわい。

マイク：キャスリーンの夫。やさしく勇敢な男だが、生の魚には抵抗がある。

リンダ：アマゾンのシアトル本社で出会った日系人女性。魚がこわい。

ミスター27グラム：東京すしアカデミーの講師。優れた職人でＪＡＬのＣＭにも出演。

石井さん：元築地市場の競り人。今回、特別に市場の案内や説明をしてくれた。

クンペイ：30代の青年。キャスリーンを自宅に招き、手づくりの夕食でもてなす。

父：釣り好きで波止場のそばに家を買ったが、キャスリーンが13歳のときに他界。

母：波止場のそばの家に夫と死別後も長く住み続ける。マディーに目玉焼きを焼く。

マディー：キャスリーンとマイクの愛犬。娘さながらの存在。

編集者と翻訳者：キャスリーンの前作を手がけ、本書の書き下ろしを提案。

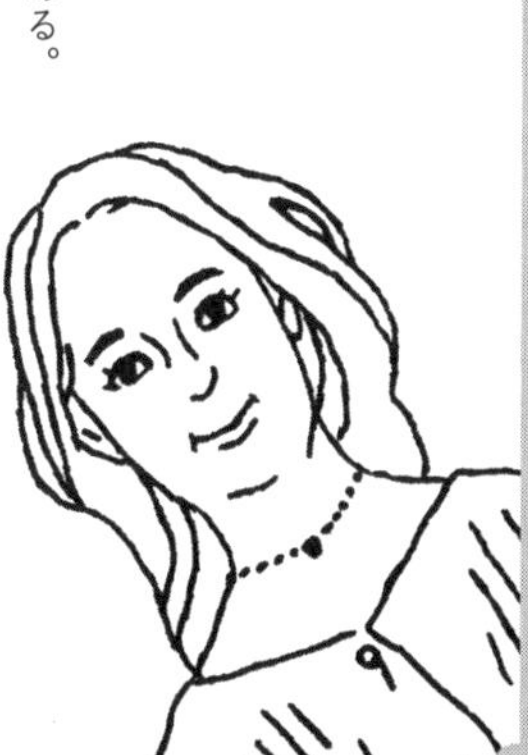

築地市場 MAP

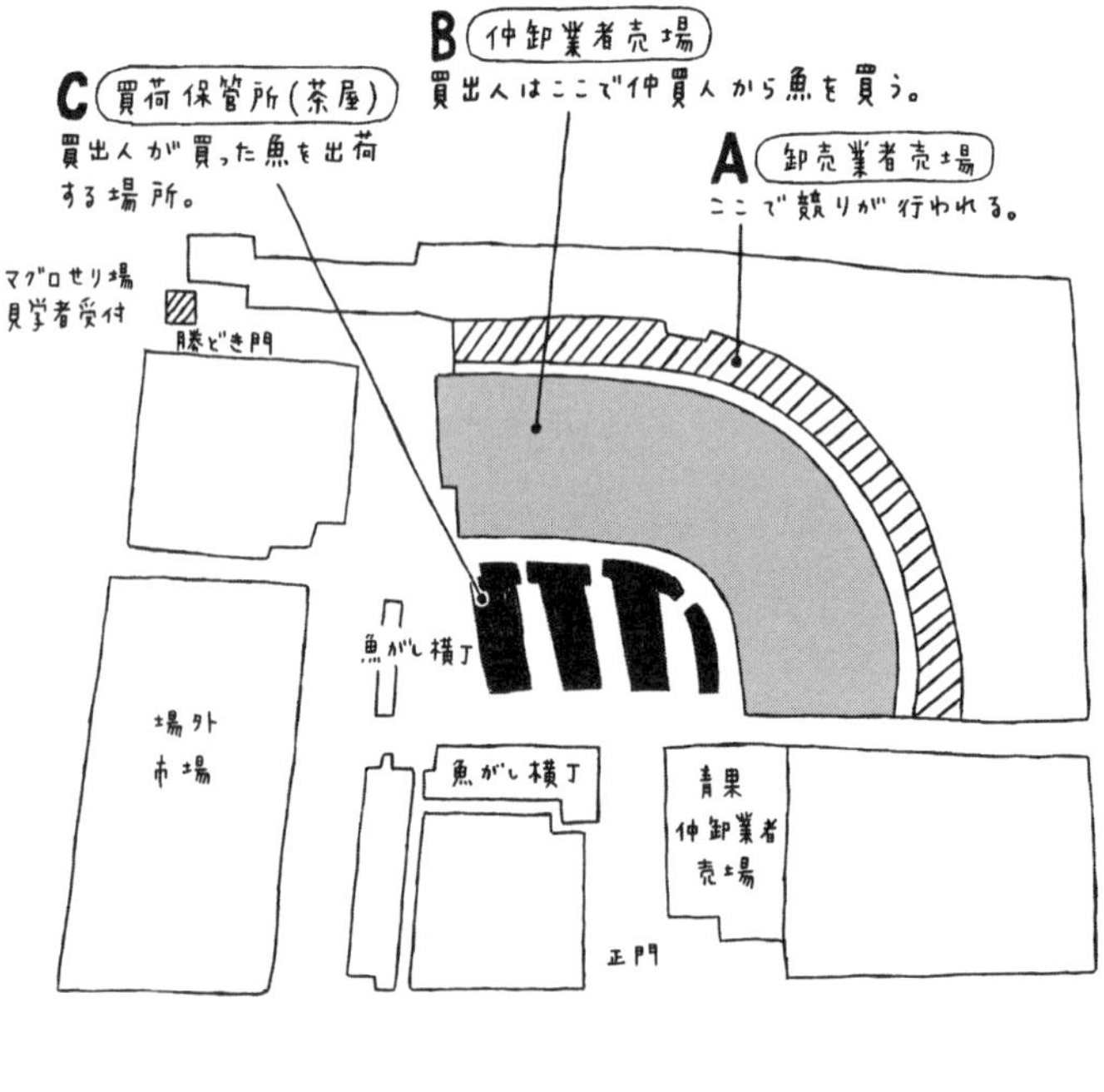

B 仲卸業者売場
買出人はここで仲買人から魚を買う。
C 買荷保管所（茶屋）
買出人が買った魚を出荷する場所。
A 卸売業者売場
ここで競りが行われる。
マグロせり場
見学者受付
勝どき門
魚がし横丁
場外
市場
魚がし横丁
青果
仲卸業者
売場
正門

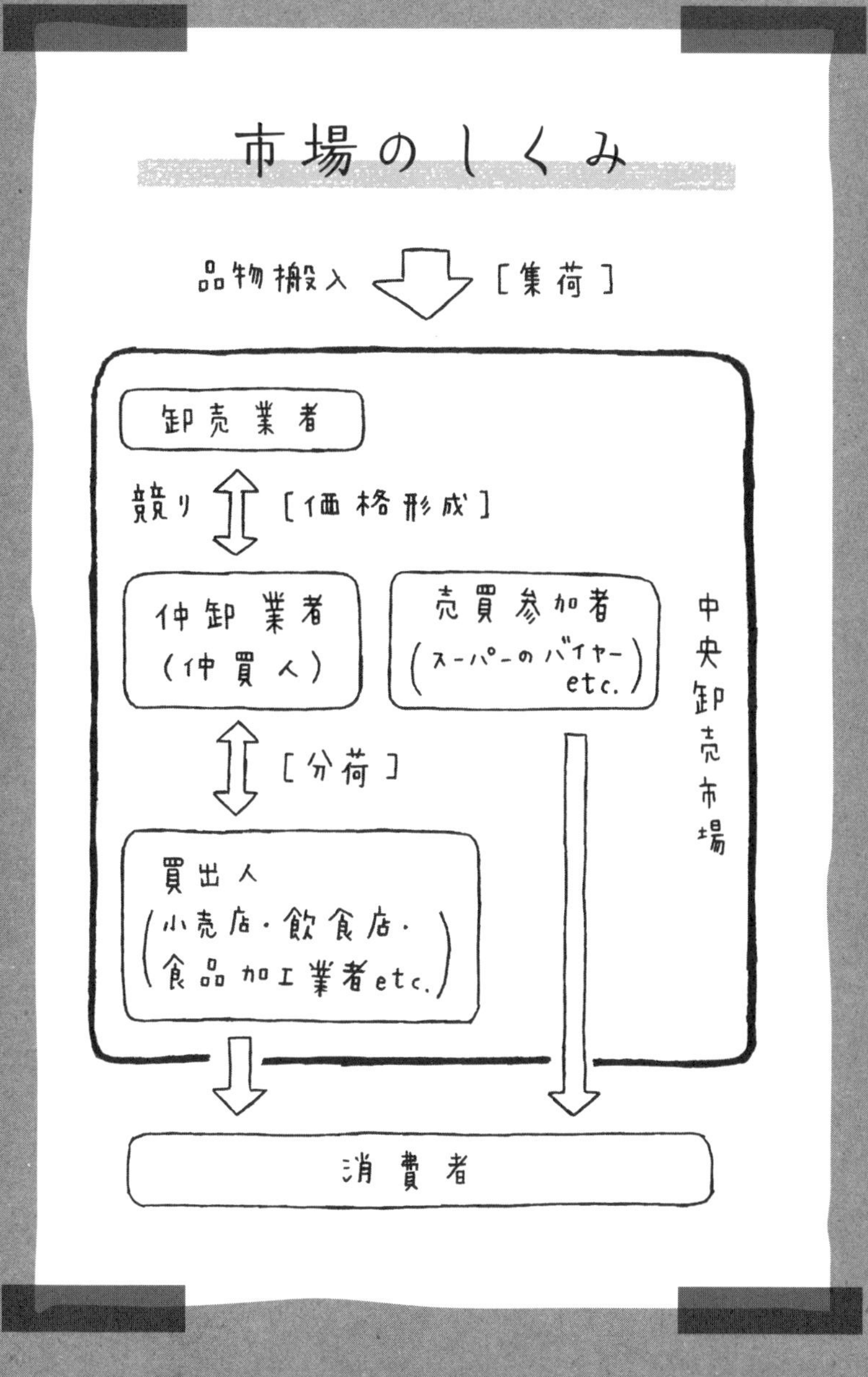

市場のしくみ
品物搬入
[集荷]
卸売業者
競り
[価格形成]
仲卸業者
(仲買人)
売買参加者
(スーパーのバイヤー etc.)
中央卸売市場
[分荷]
買出人
(小売店・飲食店・食品加工業者etc.)
消費者

もくじ

プロローグ

魚がこわい——アマゾン本社でのできごと

彼女はフライパンの上の魚をじっと見つめ、身じろぎもせず立っていた。軽くいら立ち、しかめっ面をしながら、指の関節が白くなるほどスパチュラを握りしめていた。

「ねえ、だいじょうぶ?」と、わたしは聞いた。

アマゾン・ドット・コム・シアトル本社のキッチンスタジオ。アマゾンはアメリカでいま話題沸騰中の料理システム「ミールキット」の販売ビジネスに、参入したばかりだった。わたしの仕事は、プロのシェフがつくったレシピをわかりやすい手順に解釈しなおすこと。キットを使ってつくる家庭料理のプロセスを、できるだけ間違いなく、簡単にするための作業である。わたしはさまざまな食品会社からやってきた社員たちが、食材が入った箱を開け、ラップを外し、すべての調理が宣伝どおり三十分以内で確実に終わるかどうか、ボランティアでテストする姿を観察していた。こうして、フードライターたちが「ペインポイント（痛点）」と呼ぶ、調理人が混乱したり、心折れたりする手順を洗い出す。そして、プロのシェフ以外の人間（テスター）が調理し、できあがったメニューの試食を行う。

その日の朝も、簡単な一皿をテストしていた。サーモンクリームパスタだ。

テスターのリンダは、フライパンで二切れの紅鮭に火を通していた。レシピを作成したシェフがキッチンを離れたときのことだった。彼女はわたしのほうに体を寄せて、こうささやいた。

「こんなこと言うの恥ずかしいんだけど、わたし、魚をひっくり返すときに緊張するんです」

わたしは驚いた。これがあまり料理に慣れていない二十代のテスターであればそんなに驚かなかったと思う。でも、リンダは四十代だ。アジア系アメリカ人で、マーケティング管理者という肩書きを持つ女性である。

「なぜ緊張してしまうんですか?」わたしは聞いた。

恥ずかしそうにしながら彼女は周りを見回し、誰もいないことを確かめ、こう答えた。

「だって魚って、フライパンにくっつくか、バラバラになっちゃうか、どっちかじゃない」リンダは魚に視線を戻した。

「わたしがあまり魚を料理しないのはそれが理由ですね」そう言うと彼女は、意を決したように紅鮭の下にスパチュラを差し込み、勢いよくひっくり返した。どちらの切り身もフライパンにこびりつかなかったし、バラバラになることもなかった。二分後、アマゾンエコーから、穏やかな声が聞こえてきた。タイマーをセットしていたのだ。

「魚の準備ができました……魚の準備ができました……」

「うるさいなあ、アレクサ!」彼女は大きな声で言った。

「……魚の……準備が……」

「うるさいって言ってんでしょ、アレクサ！」

リンダは恐るおそる紅鮭を皿に載せた。わたしが頼んだとおり、皿の上の紅鮭を割り、真ん中がまだ赤く、火が通っていないことを確認した。料理マニアであれば「レア」と呼ぶ状態だ。

「こんなの食べられない」と彼女は、明らかに動揺して言った。「全然焼けてないですよ。まったくダメ」。完全に火が通っていなくても、熱いパスタに絡めたら大丈夫だとわたしは説明した。それはプロの基本テクニックだ。彼女は顔をしかめながら、「本当に？」と言い、納得できない様子だった。「わたしだったら、念のためにもっと火を通すと思いますね」そう言うと彼女はシンクに向き直り、両手を洗った。この一時間で三十回は洗っただろう。

調理を終えると、彼女は自分がつくった一皿とともに写真に収まった。アマゾンチームが試食し、メモを見せ合い、次のテストのためにその場を離れるまで、わたしたちはおしゃべりをした。

リンダは、サーモン、タラ、エビしか調理したことがないと言う。それ以外は、避けてきたそうだ。**失敗する「ダメな」自分がイヤ、「ダメな」魚を選ぶのがこわい**と彼女は告白した。

「おばあちゃんが聞いたらがっかりするでしょうね」と彼女は言い、エプロンを外した。

「なぜ?」とわたしは聞いた。

「**だって、日系アメリカ人だもの。魚がこわい人なんて、親戚には一人もいない。日本では、魚が食の基本みたいなものですから**」

第一幕

米国人料理家、料理ができない日本人たちと出会う

それまでの自分がすっかり変わってしまうような経験だった。
日本に来て、世界観がまるごとひっくり返ってしまったんだ。

アンソニー・ボーディン

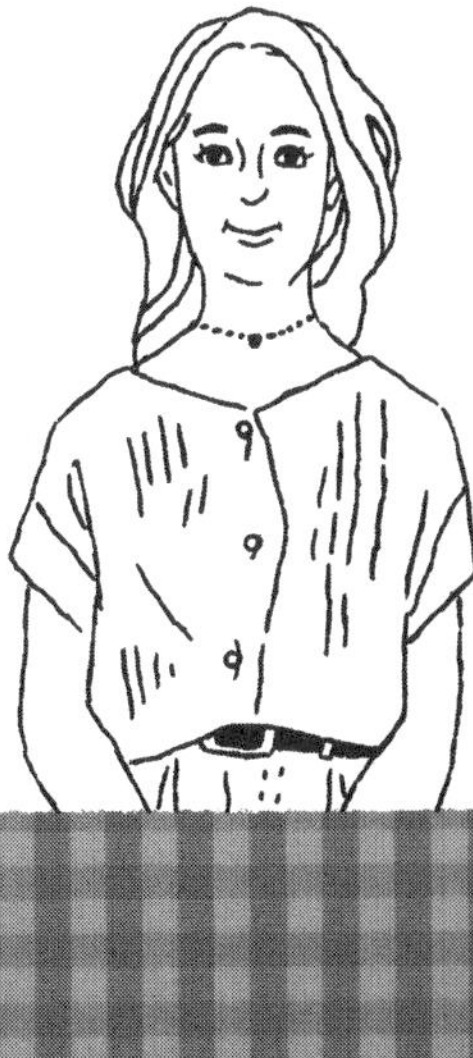

非運命的な運命の出会い

わたしと日本食の出会いは、たいしてめずらしいものではない。アメリカ人であれば、だいたい同じだ。そう、鉄板焼きスタイルのステーキハウスが運命の場所である。

一九五〇年代の東京をイメージした日本式レストラン「ジョートー」ではじめてわたしが日本食を食べたのは、九歳のときだった。フロリダのサラソタ空港のランウェイの片隅に建つ、特徴のないビルのなかの、窓一つない店舗。七〇年代後半の当時であっても、少し古ぼけて見えた。ガラスに覆われた壁の一角に、いかにも本物らしき着物がディスプレイされていて、店の入り口では鎧《よろい》が客を出迎えていた。各ブースには幅二メートルほどの長方形の鉄板が備え付けられており、その周辺に八名の客が赤いビニールシートに座ってくつろぐというスタイルだった。

すぐ横のバーカウンターでは寿司を提供していたが、どういうわけか、南国風の派手な装飾が施されたバーカウンターだった。宝石のようにきらきらとした赤いマグロ、新鮮なピンク色のサーモン、バターみたいにふわふわの玉子……握り寿司を見たのはこのときがはじめてだった。よく覚えている。

「ねえママ、あれって何？」とわたしは母に聞いた。

「生の魚」と彼女は素っ気なく答えると、「あなたは嫌いに決まってる」と言った。

それから十数年後、わたしは二十代後半の新聞記者になっていた。ある日、姉のサンディがタンパにあるショッピングモールに寿司を食べに連れていってくれるという。わたしにとっては、初体験の寿司だった。九歳年上のサンディは、わたしよりずっと世界を知っていた。彼女は手巻き寿司を何種か注文してくれた。わたしの記憶が正しければ、一つ目はツナとタマネギ、二つ目はカニカマとアボカド、三つ目はマグロだった。サンディは、少しわさびを載せて、軽く醤油をつける様子をわたしに見せてくれた。寿司には苦手意識があったというのに、海苔のパリパリとした歯ごたえ、マグロのとろっとした口どけと甘み、シャキシャキとしたタマネギの食感に驚いた。

ショッピングモールの寿司体験は、わたしにはとても新鮮だった。母は間違っていた。わたしは寿司が大好きだし、もっともっと食べたい！　そう思ったのだ。

紳士のいざない

初体験から時が流れ、ある裕福な紳士がわたしにとある政治家に関する本のゴーストライティングを依頼したことがあった。彼も、寿司レストランにわたしを連れていってくれるという。サラソタにある最高級の店だ。メニューを見ずに注文する男性を見たのははじめてだった。彼はメニューを見る代わりに、シェフのおまかせを頼んだ。このときが、はじめてサバ、アナゴ、ヒラメ、フエダイなど、それまでいちども寿司として食べたことのないネタを食べたときだった。紳士は、わたしがウキウキしつつ食べまくることに満足したようだ。わたしが箸を自由にあやつることにも感心していた。

それまで食べたことのなかった魚を食べさせてくれただけではなく、彼はわたしに日本の話を聞かせてくれた。ごちゃごちゃとして、風変わりで、親切な人が多く、食べ物がおいしい街、それが東京。

「いつか必ず行くといい」と彼は言った。

「そんなに魚が好きなんだったら、東京は最高の場所だ」

＊＊＊

それからほぼ十年後の二〇〇一年、機はとうとう熟したのだった。そう、日本に行くことになったのだ！　わたしは当時、マイクロソフト社（ＭＳＮ）のロンドンオフィスで働いていた。日本マイクロソフトのチームが、オンラインのウェブチャットとオンライン上で開催されるイベントをどのようにして実施するか、東京でワークショップを開くことになっていた。わたしは数年前から、その関係業務に就いていたのだ。彼らはわたしに、講演でもしてくれない？　と声をかけてくれた。講演ですって？　もちろん！

日本風、名刺の流儀!?

わたしの同僚の多くが頻繁に欧州を訪れていたけれど、アジアは別の話だった。もちろん、タイでトレッキングを楽しむなんて人はいたけれど、日本はどう? 同僚で日本に行ったことがあるのは、たった一人だった。

わたしはオフィスをうろうろと歩き、出張のことを話してまわった。すると、唯一、日本に行ったことがあるその同僚が、オフィスの隅にわたしを引っ張っていって、こう言うのだ。「なあキャスリーン、君、日本は初めてだよね?」と。「あのさ、日本行きは、あくまで仕事だよ。バケーションじゃないんだから。**それから、メイシって言葉の意味、わかるかい?**」

頭のなかのデータバンクをその場で検索した。「mess（めちゃくちゃ）の複数形とか?」ただのジョークのつもりだった。でも彼はにこりともしなかった。

彼は頭を振ると、「メイシってのはビジネスカードのことだ。日本のビジネスでは、メイシの交換が重要な意味を持つ。だいたい、ビジネスカードホルダーって持ってるのか?」

「ほ、ほる……はい？　なんですって？」
「キャスリーン……」彼は厳しい口調で言った。「そんなことじゃ、向こうの人たちに恥をかかせることになるぞ」

そして彼は紙きれを取り出すと「ソーホーの『フォイルズ』に行くこと」と、説明しながら、ある本の書名を書き記した。そしてその紙切れをわたしに握らせると、「君が失敗したって、日本人は誰一人としてそれを指摘しないと思う。彼らはやさしすぎるから。ただ、リスペクトはされないかもしれない」と厳粛に告げた。

というわけで、わたしはオフィスから、古い通りを歩いて、屈指の書店街、チャリング・クロス・ロードを北上し、ロンドンでもっとも有名な書店「フォイルズ」がある場所に辿りついた。その、歴史のある「フォイルズ」で、彼に勧められた本を買った。『*Culture Shock! Japan: A Guide to Customs and Etiquette*（カルチャーショック・ジャパン：習慣とエチケットガイド）』だ。

数ページ読み進め、わたしは彼に感謝した。明らかにわたしは、外国人として日本でビジネスを行う難しさについて過小評価していた。**そこには名刺とその交換の儀式の重要性が書かれていた。**「役職を見たら、感心すること。日本語だから読めなかったとしても、それは大切な作法です」。そして、「きれいな名刺が、ハッピーな名刺」だと強調されていた。どんな種類の名刺でも、丁寧に扱われなければならないともあった。「あたかも、渡してくれた人の体の一部であるかのように取り扱うこと」、「ポケットには突っ込まない。鍵など、他の物が雑多に入ったバッグに乱雑に入れるなんてもってのほか」……。

わたしは徹夜してその本を読み終えた。ビジネスシーンでのお辞儀の短期集中レッスンも記されていて、なぜ自分でお酒をついではいけないのかも説明されていた。そして、**「見知らぬ魚介類が出てきたら、虚勢を張らずに、じゅうぶん注意して口にすることをおすすめします」という一文にも出合った。**魚の種類をたずねる際の注意などは記されておらず、「理由としては、単純に、生だからです」とあった。

その日の朝、わたしは日本で出会った人たちに渡すために、贈り物を買いに出かけた。高級な英国製のジンも買おうと思っていた。ロンドンで着用しているものより、もっとコンサバな服をパッキングしようと心に決めた（ミニスカートはＮＧ）。マーケティング担当のトレイシーがとてもきれいなスチール製のＭＳＮロゴ付き名刺ホルダーを持っていることに気づき、一つを自分用に買い求め、贈り物としてもいくつか購入した。ヒースローでは、ハロッズのアールグレイだとか、イギリスの赤い電話ボックスの形をしたチョコレートなどを買い込んだ。そして十二時間後、わたしは日本にいた。

はじめての東京

成田空港で税関の列から離れたときから、それまで感じたことのない雰囲気を察知していた。比較的静かで秩序に則っており、空港としては印象的だ。電車にはゴミ一つ落ちていない。日本語でマイクロソフトと書いた地図をしっかりと準備していた。タクシーの運転手はとても明るく、にっこりと笑ってわたしを新宿まで連れていってくれた。

アメリカ人の日本に対する印象はかなり具体的ではある。ネオンきらめく高層ビルが建ち並んでいることは知っていたのだけれど、なぜだかわたしは、東京の街には着物を着た女性が多く行き交っていると信じ込んでいた。

興味深くて思わず見入ってしまうような住居用ビル群の谷間を走り抜けながら、わたしはすべての住居にバルコニーがあることに驚いていた。**ロンドンでは、バルコニーを持っている人なんて、たった一人しか知らなかった。わたしの友人、マイクだ。**道路は混雑していたが、整然としていた。赤信号を無視する人などいない。手入れが行き届いた街だと感じた。

わたしの日本人の同僚はとてもやさしい人だった。MSNジャパンのコンテンツ責任者であるアキコは、わたしが空港から直接オフィスに来ることを知っていた。彼女はわたしにお弁当と、一杯ではなく二杯のミルクコーヒーを用意してくれていた。わたしたちははじめましての挨拶をして、名刺を交換した。**わたしは名刺交換のすべてのルールを思い出そうと必死だった。少し後にもう一人の外国人が現れたが、名刺交換に戸惑っているようだった。**「ビジネスカードかあ、忘れてきちゃいました」と彼は言い、肩をすくめた。わたしは日本人の同僚が静かに下した彼への評価を感じ取った。

来日初日の午後、千人を超えるセレブリティへのインタビュー経験があるテイラーというアメリカ人と会った。彼女は明るくて表情豊かな茶色の目をした、クールで面白い女性だった。わたしたちはすぐに意気投合し、この日以来ずっと友人関係を保っている。その日の夜、日本マイクロソフトのチームが、浅草にある高級な鉄板焼きにわたしたちを連れていってくれた。わたしたちが座ると、店員が刺身とカニが載ったトレイを運んできた。

テイラーが深刻な甲殻類アレルギー保持者で、ベジタリアンだとわたしたちが伝えられたのはそのときだった。

それを聞いた店員は、メニューのなかで唯一彼女が口にできるのはスープだと言った。日本酒も手伝ったのか、彼女はそれをあっけらかんと明るく受け取った。彼女にとっては、このときが初めての日本酒体験だったようだ。二口飲んで彼女は、「この日本酒って、本当においしいわ」と喜んだ。

お酒と笑いでほっとした様子のテイラーは、手にしたスプーンをじっと見つめた。そして日本酒をあおった。その夜、抹茶アイスと日本酒が彼女の夕食だった。

その後数日間、わたしたちはテイラーのために、甲殻類を提供しないベジタリアンフードがメインの場所を探すことに集中した。最高に美味しい餃子やスパイシーなラーメン、その他、ありとあらゆる麺類を制覇した。最終日の夜は、カラオケバーでビールをたらふく飲んで盛り上がった。日本人の同僚が韓国語ラップを披露し、韓国人の同僚はローリング・ストーンズの「サティスファクション」を、アメリカ人チームのひげ面のトップは「ファンキー・コールド・メディーナ」を歌った。アキコは美しい日本語のラブソングを静かに歌い、マイクロソフトシンガポールチームの誰かがエルヴィスを歌い上げ、わたしは十八番《おはこ》であるマドンナの「イントゥ・ザ・グルーヴ」を歌ったのだった。

『ダメ女たちの人生を変えた奇跡の料理教室』

この出張以来、日本にもういちど行きたいと考えてはいたが、どうしてもという理由を見つけられずにいた。二〇〇四年にはパリに引っ越して、ル・コルドン・ブルーで学びはじめた。ロンドンで唯一バルコニーを持つ男であり、親友だったマイクと結婚した。結婚後、三冊の本を出版してアメリカ中をめぐり、講演し、料理教室を開いてきた。それに、美しい子犬を引き取った。マディーという名の金色のテリアだ。彼女を置いて出かけることなどどうしてもできなかったから、わたしたちは何年も旅行をあきらめていた。

しかしある日、奇妙なことが起きた。

二〇一七年四月、フェイスブックのアカウントに友達申請が殺到していることにわたしは気づいた。すべて日本人と思われる人々からで、その数は百人を超えていた。そのうえ、ツイッターでは何人もの日本人が、わたしのツイートを熱心にリツイートしはじめた。エッ⁉ 何ごと？ さっぱり理解できなかった。そして同じ月の、ある夜中の三時のことだ。一通のメールを受け取った。そこにはすべての答えが書かれていた。

野心的な日本人翻訳者と、日本の出版社の編集者が、わたしの二冊目の著書『*The Kitchen Counter Cooking School: How a Few Simple Lessons Transformed Nine*

Culinary Novices into Fearless Home Cooks（キッチンカウンター・クッキングスクール）』を日本語に訳して出版したことがわかったのだ。編集者は潜在的な読者に訴えるため、刺激的なタイトルを探し求め、『ダメ女たちの人生を変えた奇跡の料理教室』（村井理子訳、きこ書房、二〇一七）と決めたとあった。痛快で、オリジナルのタイトルよりもずっといいとわたしは思った。翻訳者が、タイトルの「**ダメ女**」とは、**苦手なことがあるせいで自分のことをダメだと思い込んでいる女性たちを意味しているの**だと教えてくれた。

キャスリーン、**わたしたちの文化では、女性はなにごとにも優秀であることを求められがち**です。たとえば、学校の成績も優秀で、キャリアも一流で、完璧な母で、妻で、娘で……それが日本では「素晴らしい女性」という風潮です。まったく疲れてしまいます。それに日本では、日々の家事が大きな意味を持っているんです。特に、料理は女性の大切な仕事だと思われています。**すべてにおいて完璧でありながら、料理だって完璧でなくちゃいけないんです。料理ができない女性は「ダメ」という烙印を押されてしまいがち。**わたしたちはそんな風潮に反論したいのです。

それって、アメリカでも同じだ。翻訳者のメールを読み、わたしはそう思った。本がアメリカで出版されて以降、わたしは家庭調理人たちのキッチンを何十回となく訪れていた。食品棚をのぞき込み、基本的な料理技術を教えながら、冷凍庫や冷蔵庫の扉を開き、人々の話を聞いてきた。わたしの生徒は食物アレルギーを持つ十一歳の少女から、妻が認知症を発症したことをきっかけに料理をはじめた八十九歳の医師の男性まで幅広い。

料理が上手にできないことへの劣等感は、キッチン内部だけに留まらず、さまざまな場面に影響を及ぼしていく。料理の仕方を知らないことは母親たちに罪悪感をもたらし、独身の人たちは、自分が健康的な食生活を送れていないのではないかと不安を抱き、多くの家庭で食費が悩みの種になっているのだ。

メールには、日本語版の『*The Kitchen Counter Cooking School*』が、多くの読者の心を捉えたと書かれていた。「あなたの本は日本でとてもポピュラーになりつつあります。読者は喜んでくれています。パンを焼いたり、丸鶏を焼いたり（日本では珍しいことらしい）、ちゃんとした包丁を買ったりしているんです。びっくりするほど反応があります。それに、いろいろな女性誌や週刊誌に記事として取り上げられているんです」

そして後日、思わぬ展開があった。日本のテレビ局が出版社にコンタクトを取り、わたしをテレビ番組に出演者として招待したいと伝えてきたのだ。番組名は「世界一受けたい授業」（日本テレビ系列）だった。

「あなたに東京に来てもらって、日本の読者や視聴者に向けた料理教室を開いてほしいと打診してきているのです」と、再び翻訳者から来たメールには書かれてあった。収録は七月中旬ということだった。過去に出演した日本人ではない著名人は、政治家のアル・ゴア、料理家のジョエル・ロブション、そして政治家のミハイル・ゴルバチョフ。そして、わたし。ハロー？　いったい何が起きたの⁉　すべてがわたしにとって夢のようなできごとだった。

メールには、ツイッターのハッシュタグ「#ダメ女教室」についても書かれていた。読者がハッシュタグを使って、料理に関する彼らの思い、経験談、そして写真を投稿してくれていた。焼き上がったパンやローストチキンの写真と一緒に喜びの感想をつぶやく人たちのタイムラインをわたしは見ていた。マイクとわたしはすべてのツイートをスクロールし、一つひとつ確認していった。早朝六時、わたしはパソコンの前に座り込んで、感激のあまり涙を流していた。**どうやってこの人たちにノーと言える？　言えるわけないでしょ？**

「**ねえ、日本に行かなくちゃ！**」とわたしはマイクに言った。

いつもだったら二つ返事で賛成するはずの冒険好きマイクが、このときはびっくりするほど無反応だった。「まあ、そのうちに」とだけ彼は言った。おっと。これはわたしが子どものとき、ディズニー・ワールドとインターナショナル・クラウン《ピエロ》ミュージアムに行きたいと思いつきで言ったときの両親の反応と同じだ。言い換えれば、それは「ノー」という意味だ。わたしはベッドに入り、横になりながら、どうやったらマイクを説得できるのか考えた。

翌朝、彼は「東京について話したい。コーヒーを飲みに行こうか」とわたしを誘った。

シアトルの人たちの生活に、コーヒーは大きな意味をもつ。デート、離婚の話し合い、就職の面接……コーヒーはいつもそこにある。わたしたちは「ジョー・バー」というお気に入りのコーヒーショップに歩いて向かった。心地よい春の朝のできごとで、ピュジェット湾の向こうには、雪を頂いたオリンピック山脈が見えていた。彼はいつものメニューを注文した。グリュエルチーズとハムのクレープ、わたしにはラテ、自分にはモカ、そして愛犬のマディーには、シアトルではおなじみ、犬用ホイップクリームの「パプチーノ」だ。

マイクはわたしの手を取り、「**実はね、驚かせたかったんだ。今回のできごとは、僕たちへの宇宙からのメッセージなのかもしれないじゃないか**」と言った。彼は日本へのチケットを**すでに**手に入れていたのだ。

わたしの姪のサラが、日本での三年間の英語教師としての仕事を終えつつあり、最後の夏を東京で過ごしていた。わたしの誕生日は六月一日で、マイクは七月五日、そしてわたしたちの結婚記念日は七月四日。日本への二度目の旅行は、この三つを同時に祝福するものだ。彼はマイルを使って日本航空のチケットをファーストクラスにアップグレードしてくれていた。「賛成してくれるかな?」と彼は言った。わたしは勢いよく彼に抱きついた。

わたしを変えた二度目の東京

三カ月後、わたしたちはファーストクラスのシートに座り、マイクの初めての日本への旅を祝って、日本酒で乾杯していた。編集者が成田空港で花束とともにわたしたちを出迎えてくれた。素敵なサプライズだった。

わたしたちが東京に滞在する間、編集者も翻訳者もまるでわたしたちの料理案内人であり、親友のように振る舞ってくれた。わたしもマイクも、ツイッターのアイコンを見ただけで二人のことはすでに大好きになっていた。編集者は大きなビールジョッキを持ち、翻訳者は黒い犬を抱えていた。二人とも、アイコンのままの人柄だった。

日本テレビでの収録は、わたしたちが想像していたよりもずっと大がかりなものだった。事前打ち合わせにはほぼ一週間を費やし、リハーサルは徹底したものだった。キューカードを持ったプロデューサーは英語を読めなかったため、どのタイミングでカードをめくるのかわからないようだった。マイクはそれに気づいた。リハーサル終了後のテレビ局の廊下で、姪のサラに手伝わせたらどうかと提案した。プロデューサーはどうしていいかわからないようだった。

「僕はジャケットを着てるからいいんだけど……」と彼は穏やかに言った。カメラに映っても差し支えないように、という配慮だった。すこし間を置いて、彼はアシスタントに指示を出した。サラ用のジャケットを持ってアシスタントは戻ってきた。百八十センチ近いアメリカ人女性にもぴったりのサイズだった。二人はそろってキューカードを持った。

テレビ番組の収録は想像をはるかに超えるような特別な経験だった。そして、わたしたちは東京でしか味わえない素晴らしいディナーを楽しんだ。でも、わたしにとって何より大切だったのは、読者との交流だ。遠いところからわたしに会いに来てくれた人、贈り物を持ってきてくれた人、英語で手紙を書いて渡してくれた人もいた。わたしの書いた本を読むことで、変わることができたそうだ。わたしは、編集者と翻訳者に感謝した。**まったく異なる文化圏に住む人たちに自分の書いた文章が大きな影響を与えることができたのだ**と考えると、身が引き締まるような思いを抱いた。

目の回るような日々を過ごし、そしてわたしたちの乗った飛行機は羽田空港を離陸した。日本を離れるのはつらかった。徐々にわたしたちはシアトルの日常に戻っていったが、この滞在で得た経験は、いつまでもわたしの心から消えなかった。アメリカ人作家であり、シェフでもある**アンソニー・ボーディンがかつて書いたように、日本の何かがわたしのなかに深くしみこんだかのようだった。**日本の読者たちとはソーシャルメディアを通じて交流を重ね、会話し続けた。わたしがそうしたかったのだ。

マイクとわたしは日本の食材を探し求めるだけではなく、調理にも挑戦しはじめた。シアトル最大のアジア系スーパーマーケットである「宇和島屋《うわじまや》」で買い物をするようになった。一九九〇年代、わたしはパイオニアスクエア近くに住んでいて、もっとも近いスーパーマーケットが宇和島屋だったこともある。わたしはいつも、いわゆる「白人御用達の食品棚通路」と呼ばれていた場所で、ピーナツバター、全粒粉のパン、そしてツナ缶といった必需品を探していたのだ。しかし、旅行から戻ってからというもの、わたしが目指す棚は以前とは別のものになっていた。味噌、みりん、ラーメンといった食品を買い求めるようになったのだ。海鮮類のセクションにも惹きつけられた。街のアイコン的な存在であるパイク・プレイス・マーケット〔訳注　一九〇七年創設の全米最古の市場。海沿いにあり、地元の人や観光客でにぎわう」内の魚屋より、売られている魚の種類は豊富だった。

そんなある日の夜中、再び編集者と翻訳者からメールが届いていた。**日本の読者に向けて、魚のことについて書いてみる気はないか**……ですって？

二人はわたしが書いた『ダメ女たちの人生を変えた奇跡の料理教室』のなかに登場していた十人の女性たちが、魚料理に自信が持てないと言っていたことを思い出させてくれた。魚を切ることがこわいという人がほとんどだった。

翻訳者によると、日本の食習慣の欧米化が進むなかで、日本の家庭料理人たちも同じような苦手意識を感じているというのだ。アマゾン本社のキッチンで出会った日系アメリカ人女性も魚を恐れていた。わたしも、彼女のように日本では魚がすべての料理の基本であろうと考えていたが、**果たしてわたし自身はどうだろうか？　わたしは多くのアメリカ人に比べると魚を食べることが好きなほうだ。魚を料理するほうだとも思う。しかし、魚を前にするとやはり戸惑う。正直少し、魚がこわい。**

今度の日本への旅は十月であり、築地市場の豊洲への移転を目撃できる日程だった。二人は日本の魚文化をわたしに見せてくれるという。

「だいじょうぶ。わたしたちにまかせて」二人はそう言ってくれた。

わたしはこのとき、自分がどんな世界に足を踏み入れることになるかなんて、まるで想像できないでいた。

第二幕

時差ボケで江戸前寿司を握る

――魚料理の基礎を学ぶ

自分の指ですしをつまんで手首をひょいとひねり、魚の隅に醤油をつけて口のなかにほいと放り込む。すし職人が忍術を操るような手つきですしを握るように、すしをつまむ一連の動作は日本人の客の記憶に深く染みついている。

『スシエコノミー』サーシャ・アイゼンバーグ

東京すしアカデミー

来日二日目の朝。わたしはひどい時差ボケ状態だった。師匠が見つめるなか、小ぶりのサバを苦戦しつつさばいていた。まさか本物の魚を朝っぱらからさばくことになるとは、予想もしていなかった。実は、寿司を握るためのレッスンを見学するだけだと思っていたのだ。わたし自身が、このアカデミーでトップの寿司マスターから、生徒として手ほどきを受けることになるとは夢にも思っていなかった。

わたしは師匠から後ろめたい秘密を隠そうと必死だった。実は、魚なんて何年もさばいていなかった。師匠の目の前でやらされることがわかっていたら、もちろん練習していたはずだ。わたし以外の誰だってそうだろう。**魚なんて、めったにさばくわけないじゃない。**

東京すしアカデミー新宿校は、西新宿の高層ビル街のほど近くにある住宅地の一角にひっそりとあった。世界的に有名な巨大鉄道駅である新宿駅からも歩ける距離だ。ベージュ色の低層の古ぼけた建物が曲がりくねった路地に立ち並び、まるで昔の東京に迷い込んだような景色だった。東京で過ごす二日目の朝、わたしたちが目にした道を行き交う人のほとんどは、老人であった。日本では、ほとんどの場所でそうであるように、年季の入った自動販売機が道のあちらこちらに置かれていた。

アカデミーは、他の建物に比べて近代的なデザインの二階建てビルだった。なかに入ると、驚くほど最先端のつくりだ。わたしが訪れてきた多くの料理学校の設備と同様である。廊下と部屋を仕切る室内窓の向こうを見ると、大きなステンレスのテーブルが並べられているのが見えた。純白の制服を着た二十人超の生徒たちが、すでにきびきびと働いていた。大きな木製の寿司桶のなかの、酢飯を混ぜ合わせている最中だった。

入り口近くにパーティションで区切られたエリアがあった。入学希望者とカウンセラーが面談をする場所なのではとわたしは推測した。部屋の壁には宣伝用ポスターと、寿司バーではおなじみの握り寿司の写真がところ狭しと貼られている。高画質の映像をひっきりなしに流している大型フラットスクリーンのモニターには、アカデミーのインストラクターである村上文将《ふみまさ》氏の顔が映し出されていた。わたしたちを日本に招いた翻訳者と編集者は彼を「ミスター27グラム」と呼んでいた。ミスター27グラムことわが師匠は、日本航空のコマーシャルに出演していた。

コマーシャルは、このような内容だ。

清潔な白衣を着た村上氏が、寿司を握るための道具の並んだテーブルの前に立っている。手際よく、酢飯を右手に取る。美しく、キラキラとした赤いまぐろを左手で取り、その上に酢飯を載せる。そして彼は流れるような動きで寿司を握った。その寿司を、そっとデジタルスケールに載せる。さらに次の寿司も握って載せる。重さ、ですって？　すべて、ぴったり27グラムに決まってる。彼はうやうやしくお辞儀をする。そして最後に、「正確さは日本の文化である」との文字が出てくるのだ。

わたしはこのコマーシャルをすでにＹｏｕＴｕｂｅで見ていた。そしてわたしの目の前に、ミスター27グラムが立っている。「日本の魚文化」と彼が呼ぶものを、わたしに見せてくれるという。

寿司の修業は十年か、二カ月か

アカデミーのカリキュラムでは、だしの取りかた、天ぷらの揚げかた、焼き鳥の串の打ちかた、そして焼き物にいたるまで、幅広く日本食について学ぶことができる。しかし、東京すしアカデミーで人気の短期集中コースは、寿司である。八週間で二百時間の訓練を経て、厳しいテストに合格することができれば、「寿司マイスター」の称号を得る。

それに対して、伝統的な寿司の世界の修業期間は最長で十年ほどになる。ドキュメンタリー映画『二郎は鮨の夢を見る』(デヴィッド・ゲルブ監督、二〇一一)のなかで、著名な寿司職人、「すきやばし次郎」の小野二郎氏は、彼が寿司職人になるために経験した複雑で長期にわたる修業について説明している。使い走りとして一年、野菜を切って二年、そして酢飯で二年だったそうだ。魚に触ることができたのは、働きはじめて七年後である。

わたしたちの、**容易に満足感を得やすくなった社会では、最低賃金、あるいは給与**

なしで十年間働く人びとを探し出すことは困難だ。結果として、東京すしアカデミーの凝縮された訓練スタイルが求められることになったのかもしれない。

当然、賛否はあるようだ。数十年前の欧米での料理修業がそうであったように。ル・コルドン・ブルーでわたしを教えてくれた指導者のほとんどは、料理学校へ通って、料理を学んだことがない人たちだった。伝統的な寿司職人と同じく、キッチンを任される前に、数年間にわたって見習いとして調理の基本を学んだのだ。このような見習い期間は欧州でかつては一般的だったものの、現代ではそうではない。

わたしがアカデミーに到着したときにちらりと見たクラスは日本語で教えられており、生徒には女性も数名含まれていた。伝統的に、女性は寿司産業から締め出されてきたという過去がある。その理由として女性の手は男性の手よりも温かいからという者がいるためだと、『築地』（和波雅子訳、木楽舎、二〇〇七）の著者テオドル・ベスター教授は言う。そんなのは、まるで根拠のない話だが、生魚の風味に悪影響を与えると考えられていたそうだ。

アカデミーは二カ月間の短期集中コースを、日本語と英語で提供している。英語のコースは、母国で寿司ビジネスへの参入を希望する外国人のために用意されている。

レストランをすぐに開きたいと希望して飛び込んでくる若者もいれば、それまでのキャリアを変えたい人もいる。何か習いたいと、漠然とこの世界に入ってくる者もいる。

ここに集まった理由がなんであれ、**アカデミーの狙いの一つは生魚を取り扱う際に食中毒の発生を防ぐための、衛生学の徹底指導**である。寿司を食べて食中毒になる人が出ることは、この業界全体の助けにはならないからだ。

ミスター27グラム

アカデミーの職員がわたしたちを、少し歩いたところにある別の建物に案内し、二階にある教室に連れていってくれた。アカデミーはわたしに生徒用の白衣も貸し出してくれた。狭いトイレに行き、半袖の服を身につけてみた。ややぽっちゃり系のアメリカ人女性であるわたしには、貸し出された制服は窮屈で、ちぐはぐな印象だった。アカデミーから渡された、アメリカではファストフード店の店員がかぶるタイプの小さな帽子をかぶってみた。料理学校で同じような帽子をかぶらされたときも、大嫌いだった。一九五〇年代のアメリカのダイナーで働く、小太りのウェイトレスのできあがりである。夫が4Kカメラですべてを撮影している。**ぶざまなのはわかってる。でも、やるしかないのよ、これで。**

わたしは呼吸を整えてキッチンに入った。ミスター27グラムがそこにいた。道具をテーブルに丁寧に並べているところだった。彼は履き心地の良さそうなサンダルを履いており、深い色のズボンに白いシャツ、そして非の打ち所のないほど清潔なネクタイを結んでいた。彼はわたしにお辞儀をした。わたしは彼にお辞儀をした。そしてわたしたちは名刺交換をした。

そしてミスター27グラムは唐突に、わたしにきっちりと折りたたまれた白いエプロンを手渡した。「さあ、結んでみましょうか」と彼は、その日通訳として参加してくれていた美しいイタリア系日本人の女性を通じてわたしに声をかけた。「前掛けをきちんと身につけることができない。すなわち、細やかな部分に気を配れないということ」と、ミスターは付け加えた。

日本では、細部が大きな意味を持つ。ミスター27グラムは、忍者スタイルの動きで、ヒモをエプロンの両側から鮮やかに引っ張りだし、ウェストの低めの位置にくるりと巻きつけ、そして複雑な方法で素早く結びつけた。

ハイ？　それは驚くほど複雑な動きだった。わたしは精いっぱいマネしてみて、失敗した。

「もういちど」とミスターは厳粛に指示を出した。

引っ張って、巻いて、引っ張って、巻いて、結ぶ。ミスターのようにきちんとはできなかったけれど、一応、なんとか巻きつけることができた。

「合格ですね」とミスターは言った。ほっとため息が出る。その日わたしが受けることとなる数多くのテストの、最初の一つをクリアすることができたのだ。ほっとしたのもつかの間、わたしはミスターに導かれ、ステンレスのテーブルに歩みよった。各ステンレスのテーブルには深いシンクが、真ん中と両端に設置されていた。**ずいぶんシンクが多いじゃない……**と、わたしは思わず考えた。後でその理由は明らかになる。ミスターのレッスンはこうしてはじまった。それぞれのパートについてはコラム「サカナ・レッスン」としてまとめたので参照してほしい。

この日のレッスンで、わたしは何十匹もの魚をさばき、だしの基本を学び、魚を新鮮に保つためのメかたを学び、三種の寿司を学び、煮魚を煮た。たくさんの魚料理ができた。

しかし、それ以上に、わたしはそれまで知らなかったマジックのようなテクニックを学んだ。それは、魚に塩を振り、酢を使って水気を抜き取り、味を引き出すという方法だ。簡単でささやかな手順ではあるが、とても重要だった。このスピードで二カ月学んだとしたら、どれだけ多くを得ることができるだろう。

この日、皆が何枚も写真を撮った。全員が貪欲にコハダの刺身やサバ寿司や煮魚を味見した。すべて最高のできあがりだった。**いままで食べたなかで、もっとも新鮮な寿司だった**と思う。すべての刺身と寿司と煮魚を食べきるなんて絶対に無理だと思っていたのだけれど、結局わたしたちはすべてを食べきってしまった。

わたしはミスター27グラムが朝早くに言っていたことを思い出していた。

「**魚の下準備を見ることで、生徒たちは食べ物に対して感謝する心を育**《はぐく》**みます。だから、よりちゃんと食べるようになる**んですよ」と彼は言ったのだった。

「**自分ですべてやらないにせよ、食べ物の準備にかかる手間を理解すれば、無駄にはできなくなる**よね」

わたしとマイクは滞在先に戻った。池袋のホテルメトロポリタンだ。素晴らしい寿司ランチでお腹はいっぱいだったので、ベッドで日本酒を飲み、午後八時に眠りについた。明日も大変な一日となる。わたしは築地市場で行われる、マグロの競りを見学する予定なのだ。

サカナ・レッスン1

だしを取る

米国人にとってのうまみ

日本人は第五の味覚と呼ばれる「うまみ」について深く理解しているが、ほとんどの欧米人にとって、それは未知のコンセプトである。**うまみに関係しているのは、主に三種の酸**である。

- 昆布に含まれるグルタミン酸
- カツオ節に含まれるイノシン酸
- 乾燥キノコに含まれるグアニル酸

これ以外の食材にもうまみは含まれているとわが師匠ミスター27グラムは教えてくれたが、日本食ではこの三種がもっともよく知られているそうだ。

欧米の食材で言えば、うまみはパルメザンチーズ、塩漬け肉、焼いた肉、それからチキンストックなどを代表とする、風味のあるブロスに含まれている。そして**MSG（グルタミン酸ナトリウ**

ム）にもうまみは入っている。

アメリカ人はＭＳＧの持つ潜在的な健康への影響を懸念するあまりにＭＳＧを忌み嫌うものの、そうは言ってもフライドポテトが大好きで、塩が山盛り添加されているスナック菓子を食べるし、サンドイッチ用のハムやファストフードなど、ＭＳＧが含まれる食物を口にすることには一切躊《ちゅう》躇《ちょ》しない。

東京すしアカデミーの調理室でわたしたちはまず昆布から手に取った。欧米の料理では昆布は一般的ではないが、ＭＳＧと同じで、アメリカ人は無意識に昆布を口にしている。たとえば**昆布に含まれている水溶性繊維のアルギン酸塩は、粘りを出すためにありとあらゆる加工食品に使われている。**アイスクリームやゼリー、サラダドレッシングなどもそうだ。高級なドッグフードにも添加されている。滑らかな口当たりにするために歯磨き粉にまで入っていると知れば、多くのアメリカ人が驚くに違いない。

アメリカで慣れ親しまれるべき食品として、昆布があまり歓迎されていないことには驚かされてばかりだ。環境に優しいし、栄養があるし、約二万キロメートルにも及ぶアメリカの海岸線のありとあらゆる場所に存在するのだし、特に、カリフォルニアからアラスカまでの太平洋沿岸地域のビーチは昆布だらけではないか。

昆布の魔法

「昆布の多くは北海道で採れます。海水が冷たいからね」とミスターは話しはじめ、そして異なる種類の昆布をわたしに手渡してくれた。ゴツゴツして硬くて、厚い革のような手触りのもの。もう一つは軽くて、パリパリと型崩れしやすかった。

さらにミスターはわたしに薄く削った昆布を手渡した。「これはとろろ昆布。スープに入れたりするんですよ」と彼は言った。鼻につんとくるにおいがした。「この状態でも、においが強いですね」とわたしは言った。

昆布の名称は産地によって違っている。たとえば日高昆布、真昆布、利尻昆布、羅臼昆布だ。

「穴が開いているのがわかります？」とミスターは聞いた。「**穴はウニが食べた跡**なんですよ。それはいい兆候。だってウニや貝はおいしい昆布を知っているからね」

昆布についての解説の後で、昆布をひとかけら食べるようわたしに勧めてくれた。もしこの一週間前のわたしに、あなたは一週間後の朝の九時二十分に海藻をかじることになると言っても、絶対に信じなかったと思う。

日本食において、だしを取る以外にも**昆布の役割は多岐にわたる。**たとえば、魚の発酵の方法に「昆布締め」がある。読んで字のごとく、「昆布で身を引き締める」という手法である。「**昆布で巻くだけでも、食材に風味とうまみが移っていく**んですよ」

また、表面を削った後の昆布の芯の部分が、酢に漬けられていたものもあった。ちょっと触ってみた。「石けんみたいに柔らかいですね」と、わたしは驚いて、思わず言った。「これは何に使うんですか？」と質問した。

ミスターはうなずいて、「これはバッテラという押し寿司に使えます。上にのせておけば寿司が乾かない。煮立たせてはだめなんですよ。溶けちゃうし、ドロドロになってしまうから」と説明した。「熱した酢を昆布に注げばいいんです。やさしく、ゆっくりとね」

だしとチキンストックの共通項

水がたっぷり入った鍋は弱火にかけられていた。その横にミスターは立っていた。丁寧に、静かに昆布が浸されていく。

「これは昆布だしです。これが寿司と日本食においては基本となるスープです」

だしを取るときは、必ず冷水からスタートする。昆布を入れ、六十度から七十度をキープして、十五分から二十分かけて温めていく。

「重要なのは煮立てないこと。そうすることで昆布のエッセンスが引き出されます」

これは**チキンストックとの類似性をわたしに思い起こさせた。**だしは日本食の、チキンストックはフレンチの基本となるものだ。興味深いことに、フランス人は「うまみ」とは呼ばないけれども、チキンストックはうまみのもとになるものだ。パリのル・コルドン・ブルーのシェフたちはわたしに同じアドバイスをしていた。最初は冷たい水で、そして適切な温度まで温めたら、決して沸騰はさせないこと。**煮立たせてしまったチキンストックは濁る。酸味が出てしまうので、フタはするな**とシェフたちは言っていた。これはだしを取るときにミスター27グラムがわたしに言ったことと同じだ。

レストランや和食料理店などでは、夜に昆布を鍋に入れた水に浸しておくのだという。そうすれば、翌朝、五分間温めるだけで同じうまみを引き出せる。

昆布だしでお澄まし

さて、わたしたちの昆布は鍋のなかで思い切り膨らんでいた。「昆布だしに入っているのは昆布だけです。さまざまな料理に使われ、**野菜の調理にも使う**んですよ」と、彼は椀の中にすこし注ぎ入れた。

「おいしいですね。海の味だけど、塩分は入っていないというか……」とわたしは言った。ミスターはうなずいた。

ミスターはステンレス製の箸を持って、昆布を引き上げ、椀に入れた。**「昆布を引くときは、木製の菜箸は使わない**こと」と彼は急いで付け足した。「木には油があって、それがだしに溶け出してしまうんです。そうすると、そのだしは一日で使えなくなってしまうんですよ」。同じ理由で、手を使うこともできないそうだ。わたしが愛用しているステンレス製のトングなら大丈夫だ。

だしを取るときの割合としては、**一リットルの軟水（できればろ過したもの）に十グラムの昆布、あるいは十五グラムのカツオ節**だそうだ。もっと多く入れたり、減らすこともできるが、**水との割合はいつも一定**のほうがいいらしい。

ミスターはだしに日本酒を少しつぎ足した。**「大吟醸や吟醸酒といった日本酒は、調理には適していません」**。純米酒を使うのがいい。そして、最後に塩を少々。

「人間の血液は〇・八から〇・九パーセントが塩でできているので、塩を入れるときはそのパーセンテージに近づけるといいです」そして彼は薄口醤油を数滴垂らした。

ミスターは二本の醤油の瓶をわたしの前に置いた。「醤油の種類は基本的に二種類あります。薄口と濃口です。違いは色と塩の量です」興味深いことに、**薄口醤油のほうが塩分含有量が高い。**わたしは醤油をスプーンに注ぎ、両方とも舐めてみた。塩分の違いは明らかだった。

ミスターはだしの味見をさせてくれた。「体が疲れているときは、塩分を感じやすいんですよ」と彼は言い、そして笑った。「僕は元気いっぱいだ！」

「日本食のレストランに行くと、コース料理の場合、まずははじめのほうでこの透き通ったスープ（お澄まし）を提供され、また最後に味噌汁（止め椀）が出ます」と彼は説明した。「**はじめに温かい食べ物を口にすることで、その後のメインのために、体が準備をしはじめる**のです」

通訳が意見を付け足した。「わたし、普段はこういうだしはつくらないです」と彼女は言った。「粉末のだしを使っちゃいます。でも、これと比べると、粉末はかなり人工的な味がしますね。こちらはとても自然でおいしい！」

前回来日したときに開催された『ダメ女たちの人生を変えた奇跡の料理教室』の読者ミーティングで、わたしは読者のみんなと一緒に「かつおだしのテイスティング」を体験した。ミーティングに登壇してくれたライターの鈴木智彦氏が、市販のだしと、その場でカツオ節から削っただしをつくり、試飲させてくれたのだ。

味の違いは明らかだった。削りたてのカツオ節から取っただしの豊かな香りは広い会場を満たした。しかし、市販だしもじゅうぶんに美味しかった。なにより、手間がかからない。

今回、こうして本格的なだしの取り方を学ぶことができてよかった。**学ぶことは選択肢を増やすことだ。**家庭料理人にとって、毎回だしを取ることは現実的でないかもしれない。だから、その日ごとの献立やライフスタイルに合わせて、多様な選択肢を持てばいい。**インスタントとトップ・シェフの間に、あなたにとって心地よい場所を見つければ、それでいい。**

第三幕

築地市場ザ・ファイナル

——明日に架ける橋

人を鼓舞させ、人生を変える、すべての魚市場の母的存在。
限りなき可能性、数え切れないほどの官能的喜びが存在する場所
——それが築地市場である。

アンソニー・ボーディン

早朝三時半の待ち合わせ

わたしはベッドから起き上がり、暗闇のなかで自分の脱いだ衣類にうっかりつまずいた。早朝、三時半。こんな時間に出かけなくてはならないなんて、めったにないことだ。わたしはマイクを起こさないように注意深く動いた。

わたしには、さまざまな指示が与えられていた。

- 派手な色の衣類を着用しない
- ズボンを穿く
- 防寒具を持ってくる
- 長い髪はまとめておく
- 大きなバッグは持ち込まない
- 大きなカメラは持ち込まない
- マイク、その他、目立つ録音機器は持ち込み不可

派手なメイクはNG

ということで、わたしは黒いレギンスを穿いて、黒いロングTシャツを身につけ、その上にグレーのカシミヤのセーターを着て、黒いブーツを履いた。長い髪はお団子にして、低い位置にまとめた。派手なジュエリーは外して、シンプルなイヤリングだけをつけた。肩には必要最低限のものを入れたバッグ。携帯電話、クレジットカード、日本円、パスポート、リップスティック。女の子には必須アイテムがある。

フロアを掃除する二人の男性が動き回る以外、ロビーは静まりかえっていた。ぴったり午前三時半、地味な車がホテルのフロントのガラスの前に停車した。**ロビーに入ってきたのは、今日の案内人、石井久夫氏である。**

石井さんは物腰の柔らかい人で、ハンサムだった。六十八歳と聞き、驚いてしまった。もっと若く見える。カッターシャツとネクタイの上からウィンドブレーカーを羽織り、ベージュのズボン姿だ。わたしにあたたかく接してくれ、挨拶をしてくれた。わたしたちは名刺を交換し、お辞儀をし、そしてロビーのイスに二人で腰を下ろした。

彼は静かな声で話しはじめた。

「築地市場の移転が迫っているので、市場はデリケートになっています」と彼は説明しはじめた。「だから、働く人たちの迷惑にならないようにしなくては」

彼はきっぱりと立ち上がった。午前三時四十分、彼は車の後部ドアを開けてくれた。運転席に座る彼の真後ろになるように、わたしは右端に座った。彼はペットボトルに入れた水をわたしに持ってきてくれた。自宅で浄水しているそうだ。可愛らしい、黄色くて柔らかいカバーをかけてくれていた。


石井さんの運転する車が、無人の道路を走り抜けた。わたしは驚いてしまった。朝の四時であっても、ニューヨークでは交通渋滞が発生しているほどの交通量だというのに、東京は違う。空っぽの街を走りながら、頭上に輝き続けるネオンライトを見た。不思議なほどの静寂だった。

横断歩道を渡る人がいて、交差点で停車した。街全体が静まりかえっている。**静寂、そしてほとんど厳粛といってもいい空気だった。**千四百万人が住む街としては驚くべきことだ。

わたしは石井さんに、彼がどこに住んでいるのかたずねた。彼は、東京ディズニーランドがある千葉県浦安市だと答えた。市場で働く人の多くが同じエリアに住んでいるらしい。通勤が楽なのだそうだ。

「**築地で働く我々のほとんどは、自動車通勤なんです。**通勤時間には電車もその他の交通機関もまだ動いていませんから」と彼は説明した。

カオスのようで機能的

静かな空気は築地に近づくにつれ、ドラマチックに変貌を遂げた。市場への入り口は、バンや商業車両でひしめき合っていたが、多くは白い冷蔵車と冷凍車であった。

この市場には、以前いちど、午前中の時間帯に足を運んだことがあった。『築地ワンダーランド』（遠藤尚太郎監督、二〇一六）というドキュメンタリーフィルムを見ていたわたしは知っていた。**世界中の市場と同じように、築地が動きはじめるのは夜中なのだ。**ドキュメンタリーでは夜中から働きはじめる市場の人々を描き、朝の八時にはすべてのビジネスが終了する様を紹介していた。それが魚のビジネスなのだ。夕刻に寿司屋で食べる新鮮な魚は、夜明けの早朝六時ごろにはセリ場での取引が終了している。

石井さんはガレージまで車を走らせ、車を停めた。彼は面倒見のいい人だった。車から降りると、わたしが寒くないかどうか聞き、ウィンドブレーカーを着るように言った。そして、築地市場内にある立体駐車場の高層階の端のフェンスの所までわたしを導いた。上から市場を眺めると、なんだか違った姿に見えた。


石井さんはわたしに築地市場内（通称、場内）の地図を手渡した。地図では各セクションがA、B、Cと区分けされていた（2頁）。「これはとても大事なんですよ、キャスリーンさん。理解しておいてくださいね」と彼は言った。**Aは卸売《おろしうり》業者売場（競り場）、Bは仲卸《なかおろし》業者売場、それからCは買荷保管所（通称、茶屋）だ。**これから市場の中を歩くことになるが、行く前に、彼は区分けされた場所の意味をわたしが理解できるようにはっきりさせておきたかったようだ。

「隅田川に沿って建てられているこのエリアは、とっても広いんです。これが競りの行われるAセクション。目の前に二つの屋根の建物がありますね。ここがBセクション。仲卸業者（通称、仲買人《なかがいにん》）が働く場所です」と彼は言った。そして三つの青い屋根を指さした。「あれがCエリア。買出人《かいだしにん》が仲卸業者から買った魚のうち持ち帰るもの以外がいったん集められて、あそこから引き取られ、または配達されていく」

彼は工程の流れをすべて説明してくれた。まず魚介類はAエリアに運ばれ、競りが行われ、卸売業者から仲卸業者に販売される。競りが終わると、その魚は仲卸業者の働くBエリアに運び込まれる。レストランのオーナーや魚介類販売業者、一般消費者といった買出人はこのBエリアに行き、魚を選ぶというわけだ。販売された魚は次にCエリアに運ばれ、ここから配達されていく。漁獲された魚が市場を経て消費者までたどり着く大まかな順序を3頁に示した。

「ちょっとややこしいかもしれませんが、ちゃんと秩序に則っているんですよ」

ターレも人もマッハで移動！

そんなことを話しながら、わたしたちはエレベーターを降り、暗くて静かな市場内の一角にたどりついた。石井さんは歩くのがとても速い人だ。彼についていくために、わたしはほぼジョギングをするような状態だった。石井さんは戦地のバンカー（掩体壕《えんたいごう》）のように分厚いコンクリート製の階段を、軽々と上った。

二階に行くと、彼はとある廊下の方向へ歩きはじめた。明らかに、観光客が足を踏み入れることのない場所のように思えた。完全に真っ暗で空っぽの長い廊下だった。

途中で郵便局があった。「これはこの巨大な市場の中で唯一の郵便局です」と石井さんは説明してくれた。さらに長くて暗い廊下を歩き続けると、ある場所にたどり着いた。「ここはマグロの競り人がいる卸売業者のオフィスです」と彼は説明し、その扉を押した。スチール製の机が並び、紙が山積みになっていた。世界中のどこにでもあるようなオフィスだ。

わたしたちは、まるで運動選手のように活動的で朗らかな男性に出迎えられた。彼は濃紺のジャンプスーツと黒いゴム長靴を履いていた。石井さんは彼をマグロの競り人だとわたしに紹介した。競り人の彼はわたしに黒い長靴を手渡してくれた。ぴったりのサイズ。石井さんがわたしにラミネート加工されたＩＤカードを首からさげるように言って手渡した。わたしの正式なＶＩＰ入場パスだ。石井さん自身もゴムの長靴を履き、ＩＤカードを首からさげた。そして男性二人はなにやら楽しげに話しはじめた。二人の仲がいいことはすぐにわかった。しかし、わたしたちは先を急がねばならない。わたしは再び速歩きの石井さんに必死についていくこととなった。

「まずは競り場を見学します」と彼は言い、そしてざわついた市場を抜けてどんどん進んでいった。

ちょうどそのとき、有名なターレットトラック（通称、ターレ）が勢いよく通り過ぎ、あわや轢《ひ》かれそうになった。一人乗りの操作性のよい、ビア樽に車輪がついたようなルックスのその乗り物だ。ターレの運転者は市場内を自由自在に、ジグザグに走りまくる。まるで両親の車の鍵を手に入れた十代の子どもみたいだ。

石井さんがわたしの腕を掴んだ。**市場には二千台のターレが走っている**から危険なのだと説明してくれた。「しっかり見ててくださいよ。彼らはこちらが避けると思ってますからね」

築地に恋した米国人教授

歩きながらあたりを見回すうちに、市場で働く人と部外者を見分けるには、黒いウエーダー（防水ズボン）を見ればいいと気づきはじめた。誰もがそれを穿いている。

いくつもポケットがついている。その日の朝、わたしが出会った競り人の多くがそこに懐中電灯やら小さな財布やら、競売人の帽子やらを突っ込んでいた。後からわかったことだけれど、競馬新聞を入れていた人も数人いたらしい。

次にわたしが気づいたのは**発泡スチロールと氷のコンビネーションで市場全体が回っている**ということだ。テオドル・ベスター教授が著書である『築地』で指摘していたとおりだ。来日する前に、この一冊については隅々まで読んでいた。国内だけに留まらず、世界中の海産食品業に与える経済的なインパクトから、日本の歴史文化における築地市場の意味までを記述した学術書で、市場のすべての要素について言及がなされている。ベスター氏の築地への傾倒はライフワークの域を超え、三十年以上も続く恋愛関係のようなものだと言う人もいる。悲しいことに、ベスター氏はわたしに宛てたメールで、健康上の理由により「愛する市場」の最後を見ることができないのだと書いていた。「築地は市場以上の存在だ」とベスター氏は言った。

築地は日本食と日本のフードカルチャーを結びつけるシンボルのようなものだ。

以前の来日でも築地に足を運んだものの、競り場に足を踏み入れたことはなかった。観光客が競り場に入るには制限がある。決められた日に決められた人数が見学できるが、早朝の四時半より前に並ぶことができたらの話だ。元築地市場競り人である石井さんは、わたしが築地市場で競りをライブで見学する、最後の欧米人ではないだろうかと言っていた。**言い換えれば、人生にいちどきりの経験ということだ。**

銃弾みたいなギンギラ、マグロ

わたしたちが生鮮のマグロの競り場に足を踏み入れると、多くのマグロがトラックから降ろされ、一尾ずつ木箱に詰め込まれている様子が見えた。銃弾のような形をしたマグロはギラギラと光っていて、ダイバースーツさながらだ。サイズも形もさまざまだったが、その表情はまったく同じに思えた。**どれもこれも、びっくり顔なのだ。**正直、わたしも驚いてしまった。マグロたちのそれまでの長旅を思えば、当然だろう。一部は地球の裏側からはるばるやって来ている。

マグロは平均で八十キロから百キロの重さで、きれいに競り場に並べられていた。まるで駐車場のようだ。競りを行うエリアは長方形で、片側の壁沿いに古い木製の観客席のような競り台が設置されている。市場の他の場所と同様、それは明らかに年季が入っている。木はところどころがへこみ、壁の文字や表示は最低でも四十年は書き直されてはいないだろう。ただし、いまのマグロ競りは競り台を使わないそうだ。マグロのすぐそばをマグロごとに移動して競る「移動競り」方式で行われる。

わたしは、木製の長方形の箱がいたる所にあることに気づいた。トロ箱と呼ぶそうだ。「あれって……ちょっと棺に似てますね」とわたしは言った。「そうですよ、棺って呼ばれてますからね」とうなずきながら石井さんは答えた。「日本の漁師はマグロをああやってトロ箱に入れて市場へ搬送するんです。木箱のほうが氷が溶けた水を吸収しやすく、箱の外に放出しやすいですから。だから発泡スチロールの箱で運ぶよりは一般的です」

石井さんはマグロの体に詰められた氷を指して言った。「氷はとても大事です。築地は新鮮であることがすべてだから」と彼はうなずいて言った。「今日は少し残念な日ですね。魚が少ないです」。ここ数日で台風が日本を横断していた。そのため、近海の漁獲量がきわめて少なかった。石井さんは部屋の向こう側にいる、西洋人のようなルックスの男性にうなずいていた。「彼はボストンから来たボスですよ」

その日並んでいたマグロは、アイスランド、スペイン、メキシコ、日本近海、そしてボストン出身だ。アメリカとカナダの東海岸沖以外の、あらゆる海で獲れた大西洋マグロだった。最低でも半分が空輸で、ほぼすべてが日本航空によるものだ。

空飛ぶマグロ

はじめて築地にマグロが空輸されたのは一九七二年の夏のことだった。カナダ北部のプリンスエドワード島沖で漁獲されたマグロで、その近海は例年、北米の漁師たちにとって魅力的なマグロ漁の本場だった。驚くべきことに、**一九七〇年代初頭の北米では、本マグロは食べられるマグロだと考えられていなかった。**クロカジキと同様、漁師たちはスポーツとしてそれを釣っていた。ビンナガマグロがツナ缶市場の需要を満たしていたのだ。

だから、マグロ漁をする漁師たちにとっては、釣り上げた大きな本マグロは、記念撮影をする相手以外の意味を持たない。尻尾に詰め物をして家の壁に飾る人もいる。「アメリカではむしろ厄介ものとして扱われることもあった。(中略)わざわざ費用を払って町のごみ捨て場に処分していたのである」と、『スシエコノミー』（小川敏子訳、日本経済新聞出版社、二〇〇八）著者のサーシャ・アイゼンバーグは書いている。

同じ時期、日本航空は自社の北米からの復路便サービスの拡大を模索していた。日本航空は日本の物品で貨物をいっぱいにし、それをアメリカ市場で売ることにまったく問題はなかったが、復路の貨物は空のままだったのだ。

漁師たちは本マグロが売れると知って驚いた。ましてや地球を半分回った国に空輸するだなんて、信じられなかった。一年以上かけて、日本航空はカナダの窓口を相手に、どうすれば本マグロを東京までベストな状態で空輸できるか検討し続けた。彼らは地元の棺職人を雇って、魚用の棺をつくらせた。一九七一年のはじめての試みでは、アメリカ、そして日本の税関両方でひっかかり、東京到着まで八日もかかってしまった。到着はしたが、食べることはできなかった。

日本航空は賭けに出た。冷蔵貨物を長距離輸送用のジェット機に積み込んだのだ。一九七二年八月十四日、彼らは四本のマグロを空輸した。今回は良い状態で到着し、競りでは良い値がついた。築地では、この空輸の成功が「空飛ぶマグロ」として語り伝えられている。

当時も、今日においても、マグロにはラベルが貼り付けられている。小さな白い紙は競り場の番号を示している。黄色い紙は原産国、あるいは国内のどの港で水揚げされたのか、天然物か養殖かを示す。三枚目のラベルにはオークション会場の名前、売主の名前（簡易的なもの）、そして魚の重量が示されている。

わたしたちは隣接した冷凍エリアに向かった。マグロが灰色の魚雷のように見える場所で、その冷凍された体から白い霧を吐き出している。思わずホラー映画を思い出した。深海から大量に釣り上げてくる大型漁船にとって、マグロを冷凍することはもっとも一般的だと石井さんは説明してくれた。**大型漁船には医療で使用できるグレードの冷凍機器が取りそろえられていて、魚をマイナス六十度で冷凍できる**らしい。身だけではなく脂も冷凍させるためにはこの温度が不可欠なのだそうだ。

象徴的なプラットフォーム

次はエビの競り場だった。わたしはフロリダ育ちだからエビはよく食べたものだけれど、それにしたってあまりの種類に驚いた。尾が青く美しいエビがきれいに並べられた発泡スチロールのコンテナのそばで石井さんは足を止めた。ずらっと並んだエビがわたしたちを怪訝《けげん》な表情で見上げている。「日本の伊勢エビです。とても人気がありますよ」

次にわたしたちは長さが五メートル以上ある大きな水槽がたくさん置かれたエリアに進んでいった。水槽にはステンレスやプラスチックのバスケットのようなものが入れられていて、魚群が一気に移動できるようになっていた。水槽には多くの種類の魚が入れられていて、まるで虹のようだった。赤、青、銀、金の魚たち。頭のなかで、わたしはその魚たちにチェックマークを入れていった。タイ、トラフグ、ハマチ、ヒラメ、シタビラメ、カレイ……。まったくわからない種類もたくさんあった。わたしたちはアナゴが大量に泳ぐエリアもさっと通り過ぎた。そのときは、まさかすぐに、間近でアナゴを見ることになろうとは思いも寄らなかった。

次にわたしたちは、コンクリート製の、長く、カーブしたプラットフォームに辿り着いた。**このカーブが築地そのものであると**ベスター教授は言う。**機能的な理由でそうつくられたものであって、美的価値観からつくられたものではない**のだ。

昔、築地に到着するほとんどの魚は船か鉄道で運び込まれていた。しかし、冷凍トラックが普及してからは様子が一変した。いまや築地に停まる船はほとんどない。貨物車が最後に魚を運んだのは一九八六年のことだ。線路はその後すぐに解体された。それでも、貨物列車が車両を長く連結して入場していた当時の痕跡は残った。それが、プラットフォームの柱である。それぞれの柱にはゼロ番から五十三番までの番号が記されている。柱と柱の間隔は当時の車両の長さに等しい。

その日の朝は、発泡スチロールを搭載したたくさんのパレットが、少なくとも五十一番柱の近くまで見えた。中には二メートルほどの長さの海産物が入っている発泡スチロール箱もあった。

仲買人たちがところ狭しと箱の周辺に貼りつけていった紙を男性たちが、調べ、メモをし、そして注文を受けていた。「仲卸が競り落としたものをお客さんに販売するのがここです。さっきお見せした地図（2頁）ではBエリアとされている場所ですよ」と石井さんは説明した。

彼は足早にプラットフォームの末端に歩いて行った。「番号が見えます？　五十一番」わたしはうなずいた。

マグロの競りがはじまる

わたしたちはプラットフォームから外に出て、足早に仲卸エリアの店先を通り過ぎて、そしてマグロの競り場に戻った。**雰囲気は先ほどとは明らかに変わっていた。**会場は人間とマグロでひしめき合っていた。最低でも二百人の男性が歩き回り、きょろきょろとマグロを探し、マグロを指で押したりして選んでいた。切り取られたマグロの尾の身をチェックしている。身を少し手に取って、指で触っている人もいた。マグロの体の中を懐中電灯で照らして見ている者もいた。ジョークを言いながら話す人々もいたが、多くの人が集中してマグロを見ていた。

「**これはとても真剣な時間なんです**」と石井さんは説明した。「品質のチェックをしています。心のなかで、それぞれのマグロの価値がどれぐらいであるか決めていっているんです。これは競り人（卸売業者の競り担当者）にとっても仲買人（仲卸業者）にとっても言えることなんです」と、石井さんは赤い帽子をかぶった男性を指さした。明らかに威厳があった。「彼は山和の社長さん。トップクラスの生マグロの仲買人です」

突然、競り人がさまざまなマグロの周りに位置を確保していった。手に持った小さなハンドベルを鳴らし、競りのはじまりを伝えた。複数のマグロがさまざまな競り人によって同時に競りにかけられる。**築地特有の競りのかけ声がはじまる。かけ声というよりは歌声に近い。**仲買人は茶目っ気たっぷりに、指を使って自分のオファーする値段を示す。興味深い。まったく理解することができない儀式とでも言うべきか。十秒もかからず最初のマグロが競り落とされた。後から、買値は、一パウンド（約四百五十グラム）三千八百円で、マグロ一本では約七十六万円だと知った。平均よりも若干高いように思えた。生鮮の競りでは二百匹ぐらいのマグロがいたので、**ざっと数えても百万ドルのマグロがそこに寝ていた**というわけだ。そして、それでもその日は競りがそう活発ではなかったそうだ。

競りがほとんど終わりに近づくと、クルーがマグロを引き上げに来た。あっさりと手カギでひっかけられて、引っ張っていかれるマグロたち。クレイジーだし悲しい光景だとも言えた。築地の中で売られる魚はカートに載せられるが、そのカートはまるで、一九三五年の開場当初から使われているのではと思えるほど年季の入ったものだった。一部のマグロはターレの後ろに積み込まれていった。しかし、生マグロの専門仲買人はターレで移動しない。ターレの振動で、傷や打ち身が生じるかもしれないからだ。マグロは仲卸業者に直接運び込まれ、これから重労働である解体作業がはじまるのだ。

残ったマグロは再びスチロールの箱や、到着時に入っていた木製のトロ箱に戻り、エラと腹の内側、そして上から氷を詰められる。ほとんどは競り人が多くの仲買人たちに頼み込んで完売する。やむを得ず翌日の競りに延ばすこともあり得る。

築地の人生

競りが終わると、一時間をかけて仲卸業者売場のエリア（Bエリア）を歩いた。多くの人が石井さんを見て喜び、そして写真を撮影した。彼には親しい人が多いのだ。わたしたちは仲卸の人たちとどんな魚を売っているかなど立ち話をし、いつまでもそこに残っていた。**めまいがするほどの情報が流れ込んできた。仲卸業者のほとんどが、産地、タイプなどで魚を見分け、そしてすべてを知りつくしている。**「魚を勉強しようと思ったら時間がかかりますよ」と石井さんは説明した。「お客さんは彼らに頼ってますからね。だから、エキスパートにならなくちゃいけないんだ」

身振り手振りで、すれ違う人たちが石井さんに別れを告げていることが見て取れた。彼は豊洲への移転を反対する看板を指さした。「引っ越しを嫌がっている人も多いんですよ」と言い、ため息をついた。「気持ちはじゅうぶんにわかるんです」

石井さんは自分が海産物のビジネスにかかわることになるとは考えたこともなかった。中学のころから英語とギターが好きで、高校ではバンドでギターを弾きながら洋楽を歌っていた。けっこう有名になったという。しかし彼はショービジネスの世界は自分には合っていないと気づいてすぐに辞めてしまったそうだ。祖父に、調理師と不動産の免許を取ったら好きなことをしてもいいと言われたことがきっかけで、不動産会社とレストランでアルバイトをしながら二つの免許を取得した。そして自分の食品産業への情熱は本物だとわかったのだそうだ。

アルバイトをしていたとき「朝五時に海鮮類を扱う人材を募集する」という求人広告を見つけた。二十四歳だった。その会社に入社し、赤魚開き一夜干しを集荷販売する仕事からスタートした。当時はまだ、その会社が業界では唯一、東証一部上場会社であることも知らなかった。昇進し、物流を学び、異なる商品の複雑さと、その個別市場についても習得していった。

彼は海外への長期出張も何度か経験している。一九九〇年にはケイプリン（樺太シシャモ）検品でニューファンランドに一カ月間出張したが、そのときには現地で、生鮮クロマグロの築地市場への空輸便を開拓した。ベトナムでは現地の人たちが食べない大型サルボウ貝の生食用製品化を手助けしたそうだ。彼は競り人をしながら販売促進や企画開発の仕事にも携わった。

彼は言った。「**目の前にあることだけに集中して生きてきたんですよ。**僕にとっては物流と販売は楽しいことだったんです」

石井さんは五十六歳で引退した。別の会社で競り人として数年働いた後、自身のコンサルティング会社である「つきじ嘉久衛門」を興した。**注力したのは鮮魚を栄養のある食べ物と位置づけることだった。**脂肪分の少ない食べ物というだけではなく、栄養価が高くミネラルも豊富に含まれているのだ。彼は日本で調理の準備と保存に頻繁に使用される塩と酢には健康を増進させる力があると考えている。**彼のいまの心配は、第二次世界大戦以降、日本の魚文化が衰退していることなのだ。**

ベスター教授の『築地』での解説が、わたしにとっては理解がしやすい。

魚とその調理や食べ方に伴う数々の技は日本料理の遺産の中心を占めるものであり、それ自身、この国のアイデンティティの感情的な核に近いものである。

石井さんがわたしを築地に喜んで連れてきてくれたのはそれが理由なのかもしれないとわたしは気づいた。彼はわたしを案内し、なぜ、そしてどれだけ日本にとって魚が重要なのか理解するための洞察を与えてくれている。**彼は三十八年も過ごした「故郷」とも呼べるこのコミュニティーにわたしを迎え入れてくれた。**

市場を歩いているとき、彼はランドマーク的な場所にわたしを連れていって写真を撮ってくれた。それは編集者からの頼みでもあった。同じ場所でわたしも石井さんの写真を撮りましょうかと声をかけると、とてもうれしそうにしてくれた。**彼は長年の記憶を留めたかったのではないか。彼の人生にとって大きな意味をもつ場所を記録したかったのではないか。**

築地とレ・アール

借りた黒いゴム長靴を返却するためにわたしたちは再び二階に戻った。すると石井さんが大きな卸売企業のトップにわたしを紹介してくれた。

川を見渡すことができる窓が並ぶ廊下で、わたしたちは立ち止まった。「あの橋が見えますか?」と石井さんが言った。市場の屋根の上を、新しい市場へ続く道路が川を横切り伸びていた。「**あれが新しい豊洲市場への道なんですよ**」。市場から引っ越す店舗しかその道路を使うことは許されていなかった。

わたしたちはその橋をじっと見つめていた。彼は深く考えているようだった。橋はわたしにとってメタファーとして心に残った。**あの橋を渡ることは何千人もの労働者にとっての新しいはじまりとなるが、それは同時にここに根付いていた人たちの、そのライフスタイルの終焉を意味するのだ。**

わたしにとっては、東京の水産物の中央卸売市場が築地から豊洲に移動することは、もう一つの有名な移転の再現のように感じられる。パリのど真ん中にあった市場、レ・アールの歴史的移転である。

パリのその場所に市場がつくられたのは中世十二世紀のこと。その後、一八五三年から一八七〇年にかけてパリの建築家のトップだったヴィクトール・バルタールがガラスと錬鉄を使った美しく新しいパビリオンを建設した。レ・アールと呼ばれるようになったその中央卸売市場は、二十四時間営業でレストランや市場に食品を売り続けた何千人もの働き者たちにとっての家となった。市場は外部の小売店を通じて、直接市民に食品を届けた。そして、かのフランスの作家エミール・ゾラに『パリの胃袋』を書かせた。


築地と同じく、市場が原因の厄介ごとの解消は市当局がうんざりするほど、つまり百年くらいかかっている。一九六〇年代、建物は巨額の費用をかけての修繕が必要になった。存在していたスペースが狭すぎたのだ。何千もの冷却ユニットが配電網の許容量を常に超えていた。市場は犯罪要素を多分に含んでいた。そしてネズミの存在である。とんでもない数のネズミが棲みついていた。

それよりも劣悪だったのは交通だ。レ・アールは主要な交通手段が馬と馬車の時代に建設されたものだ。特に早朝の時間帯、配達のトラックが地域の交通を遮断し、パリ中心街の交通を完全に止めてしまったのだ。

別のできごとも起きはじめていた。食品産業が地元ベースから世界へと広がるなかで、卸売業者が、国内に空輸されてくる、あるいは船、あるいは列車で欧州全体から運ばれる製品に依存することが増えたのだ。現代では大都会となったパリ中心街にあることで、物流がネックとなったのだ。一方、東京と同じように、スーパーマーケットが街のいたるところに建設され、市民の買い物の仕方を変えた。

一九六九年、フランスはパリ・オルリー空港近くのランジス郊外に市場を移転した。卸売業者は飛行機サイズの格納庫に一週間で引っ越しした。パリ市はバルタールの二つのパビリオンを移動させた。一つはヴァンサンヌの森のはずれにあるノジャン・シュール・マルヌへ、そしてもう一つは船で日本へ。建物の一部はいまも横浜にある。

今日、ランジス市場は世界でもっとも大きな卸売市場である。ル・コルドン・ブルーの生徒として、ランジス市場のツアーに出かけたことがある。ミシュランの二つ星レストランのトップをかつて務めた学校の先生が連れていってくれたのだ。わたしがもっとも思い出すのは、コンクリートとパビリオンだ。ツアーの後に朝食を食べながら、先生が、若い見習いとして買い物をしたという、古き良き時代のレ・アール中央卸売市場の思い出を語ってくれた。彼はその想い出にロマンチックに浸っていた。

「市場が移転したとき、パリは魂の一部を失ったんだ」と先生は悲しそうに言った。

「レ・アールは共同体だった。ランジスはただの商売だ」

豊洲への橋を見つめながら、こんなことを思い出していた。

隅田川から明日の眺め

築地の移転が東京の魂に与える影響はなんだろう？　ここで働いていた人たちに与える影響は？　石井さんが笑顔で働く人たちと会話する姿を思い出していた。築地市場が老朽化していたのは事実だ。耐震基準を満たしているわけでもなかった。交通渋滞はひどいものだったし、空港からは遠かった。でもわたしの脳裏に浮かんだのは、衛生管理されたランジスの姿だ。

「新しい市場でお仕事はされるのですか？」とわたしは石井さんに聞いた。

明朗な彼らしくもなく、彼はしばし沈黙していた。

「さあ、どうだろう。どうなるかな」

彼は振り返って「川を見に行きませんか」と言った。

わたしたちは階段を足早に降りて、市場内の隅田川に面した岸壁に着いた。太陽はすでに昇っていて、日の出からは時間が経っていた。かつて、ここに船で魚を届けた人たちがたくさんいた。いまはそんなことをする人は少なくなった。**魚市場が川の近くになければならない理由はとっくの昔になくなったのだ。**

彼は胸いっぱいに空気を吸い込んで、向こう岸の上の空を見つめ、そして橋を見た。「寂しくなりますよね?」とわたしは彼に聞いた。

「ええ、ええ、もちろん」彼は市場を見渡しながら言った。

「悲しいですよ。でもね、**ここをあなたに見せることができてよかった**」

わたしは、この日最後の一枚の写真を撮影した。川の横に立つ石井さんの写真だった。

GABAN

市場内は指定場所以外禁
47

鮮魚卸売場
第一水産
49

第四幕

寿司に死す!?

——市場の一部になるということ

見知らぬ魚介類が出てきたら、虚勢を張らずに、じゅうぶん注意して口にすることをおすすめします。

『カルチャーショック・ジャパン』

築地場内の商店街へ

午前七時過ぎの築地市場は、活気に満ちていた。川沿いで穏やかなときを過ごした後、石井さんは再び猛スピードで、競り落としたマグロを解体する仲卸業者の軒先を縫うようにしてどんどん進んでいった。

解体には一メートルほどの長さのある日本刀のような包丁や、手鋸《てのこ》といったさまざまな道具が使われている。冷凍マグロには電気のこぎりだ。わたしと石井さんはこの慌ただしい作業場を抜けて、夜明け前には姿がなかった買い物客で賑わう場内の商店街に向かった。

喧噪を抜けた先で、マイクと編集者を見つけた。簡単な自己紹介の後、石井さんは足早にわたしたち全員を場内の外れにある、有名な寿司屋の並びに連れていってくれた。築地市場では朝食として寿司を食べるために三時間近く並ぶ人たちがいる。石井さんはその人びとの列を超え、裏通りの角にわたしたちを連れていった。

ある店の勝手口で、エプロンをきちんと身につけた青年に石井さんは近づいた。青年はうなずき、わたしたちに向けて頭を下げ、挨拶をした。数分後、堂々とした風体の職人が顔を出した。

「彼がシェフね」とわたしはマイクに話しかけた。

石井さんがわたしを指さした。シェフはうなずいて、眉を上げた。彼はわたしに軽くお辞儀をし、そして中に引っ込んだ。石井さんがわたしたちのところに戻ってきた。

「二十分ぐらいだそうです」と彼は言った。そう聞いたわたしたちは、通路の喧噪を避け、一息つく場所を探した。


アメリカの自転車専用道路より少し広いぐらいの通路は、横に長い建物に挟まれていた。左側に並ぶのは飲食店の裏口だった。右側に並ぶのは飲食店に食品を卸す会社の納屋のような建物だった。米問屋、道具屋、醤油、料理油……**すべての店舗が活発にビジネスをしている**様子だ。商売の多くが電話で行われている。**日本語を話さないわたしでも、電話による売り買いだとわかった。**

ベルが鳴り、売り手が電話を取り、情報がやりとりされ、大きな米袋や、業務用サイズの油のボトルや醤油が運び出されていった。しばらくすると、こういった商品を運ぶのにぴったりの乗り物——ターレやバイクやスクーター——に乗った若者が人並みを縫うようにしてやってきて、ひょいと荷物を載せて去っていく。これがひっきりなしに続く。

店で働く男性がシャッターの閉まった納屋の前に置いてあった箱のところにやってきた。わたしは座り込んで万歩計アプリをチェックした。朝からなんと、三時間で一万四千二百四十歩、約八キロも市場内を歩いていた。

わたしが座るやいなや、その男性がマイクに写真撮影を頼んだ。石井さんと一緒に写真を撮りたいらしい。石井さんって、本当に有名な人なのだろうなとわたしは考えた。

寿司を待つ人たち

アメリカのレストランの勝手口とは違い、この寿司屋は店の裏口を物品の積み下ろしと保存場所に使っていた。驚くほど乱雑に、すべてが不安定な状態で積み上がっていた。魚に塩をするザルから使用済みのハンドタオル、そして空になった食用油のボトルなどが見えていた。若い職人が頭を下げて仕事に集中している姿が、開け放たれたドアから見えた。

わたしは建物の周りを囲むように並ぶ人の列をぼんやりと見ていた。この人たちは、この市場内でくり広げられているビジネスの複雑さを果たして目撃したのだろうか。わたしはたった数時間この市場内を歩き、働く人びとに触れただけではあるけれど、それでも築地で働くことの意味を垣間見ることができた。すべては石井さんのおかげだ。

二十分も待つと、ようやくわたしたちが入店する番になった。わたしはすっきりと清潔な店のカウンターのいちばん奥の席に着いた。マイクがわたしの右横に座り、編集者と石井さんがそれに続いた。あっという間に、笹の葉がわたしたちの目の前に並べられた。わたしとマイクが最初にサーブされた。ＶＩＰ気分だ。

こうしてわたしたちの築地での特別な朝食ははじまった。

かつて姉に連れられていったショッピングモールの寿司で感動していたわたしが、この店の朝食でどれだけ興奮するか、考えてもみてほしい——**あの有名な築地市場の寿司屋で、築地の生き字引とマグロを食べるっていうことでしょ？**

スシ・ブレックファスト！

コースの最初の一品がわたしの目の前にやってきた。小ぶりで、少し甘い玉子だ。日本風オムレツである。やさしい女性が温かい味噌汁を運んできてくれた。わたしはそれをそっと口にしつつ、精密ながらも詩的な職人の手さばきに見惚れていた。

キュッ、キュッ、クルッ、キュッ、キュッ、そして最後にもういちど、クルッ。

最初の握りがやってきた。羽のようにふわっと軽い、ブリの握りがわたしたち四人の葉っぱの上に優雅に降り立った。職人たちが一礼した。

「うわあ、すっごい！　きれい！」と、編集者が言った。彼女はパチパチと手を叩いて、ｉＰｈｏｎｅに手を伸ばして写真を撮った。

わたしたちはブリの握りを同時に口に放り込んだ。その瞬間、ブリは口のなかでとろけ、そしてかすかな磯の香りが広がった。

次にやってきたのは、白くて美しいイカに柚子の風味が加えられた握りだった。香り高く、繊細だ。そして次の一貫は、前日、東京すしアカデミーで見たネタだとすぐにわかった――小ぶりで背が青い、コハダである。慎重に、その身を酢飯の上に束ねられていた。わたしはそれを、濃いインク色の醤油にさっとつけた。大胆な味である。次は、透き通るようなヒラメだった。もし真珠に味があるとしたら、この一貫がそれに近いだろう。

この時点でマイクの生存を確認した。「大丈夫？」とわたしは聞いた。

多くのアメリカ人と同様、マイクは大量のピザを食べて育ち、マカロニチーズと缶入りスープが主食だった人だ。二十代でタイ料理に出会ってから、シアトル市内の大型の日系スーパーである宇和島屋でタイ料理のレッスンを受講するようになった。ロンドンでは、インド料理に恋をした。フランスでは自分がカタツムリ好きだったことに驚いた。香港とシンガポールで食べた屋台料理の美味しさを思い出しては、何度も話すほどだ。前回の来日では、日本風カレーにハマり、激辛ラーメンに夢中になり、羽のようにふわっと揚げられた天ぷらに魅了された。

シアトルに住む我々には、激辛四川料理からベトナムのフォーまで、極上のアジア料理に触れる機会が多くある。興味の赴くままに挑戦するマイクのことだから、キムチもコチュジャンも、なんにでもチャレンジする。そういう人だ。

ということなのだが、**マイクにとって食べ物が「外国の物」というよりは、「生である」という事実が、心の底から寿司を好むことができない理由**なのであった。

わたしがマイクと出会ったばかりのとき、マイクが知っていた寿司はカリフォルニアロールだけだった。その程度に寿司は未体験だった。生牡蠣を殻から食べるようになったのは、結婚してから五年後のことだ。いままで握り寿司が彼のお気に入りになることはなかった。わたしのお気に入りの寿司バーに行ったときには、餃子とツナ巻にしか手を出さなかった。

しかし、**変化の予兆があった。**東京すしアカデミーでのこのうえなく美味なスシ・ランチを経験してからは、**築地名物のスシ・ブレックファストを心から楽しみにしていた**のだ。

マイクはサムズアップして、「うまいよ」と答えた。

アナゴやヒラメの舞い踊り

そこで登場したのが、マグロだった。深いカベルネ色の身に、さっと刷毛《はけ》で塗ったような白い脂肪のライン。編集者とわたしはウキウキとした視線を交わした。その食感は、わたしが想像していたものとは少し違っていた。噛み応えがあってしっかりとした身で、そして同時にしなやかだった。もし目隠しした状態であったら、きっと薄くスライスした牛肉だと思ったかもしれない。わたしはイスの背もたれに体を預け、しばし圧倒された。

職人は、**よりいっそう脂の乗った**マグロの握りをわたしの前に置いてくれた。このマグロは霜降りで、層が重なっている。**味はますます牛肉のようだった。**わたしは軽く醬油をつけた。

「Same fish（同じ魚）」と職人が英語で言い、うなずいた。ええ確かに、同じ魚だったかもしれない。でも、別の惑星から来たかのような味だ。筋張った身から溶け出す脂肪に驚いた。とても満足できる味だったが、わたしには少し脂分が多かったように思う。

次に出されたのは、小さな皿に盛り付けられた二種の焼きアナゴだった。アナゴを「美しい」と表現するのは滑稽《こっけい》だろうか？　長方形に切りそろえられたアナゴは、海塩と柚子で味付けを施されたもの、そして甘い複雑な味のたれを塗られたものだった。立て続けにその二切れを食べながら、その**深い味に陰陽を感じた。明と暗、コインの裏と表。**

不穏な空気

十分ほどの間にくり広げられた、類まれなる食体験だった。**何もかもが素晴らしかった。**そして次にわたしの目の前に出されたのが、いわゆる軟体動物であった。

生きたイシガキガイが珍しいことは百も承知だ。わたしはいままで見たこともなかった。寿司のなかでもスター級の存在なのはわかる。とても珍しい食べ物ということを考えれば、わたしたちがその日、あの場所で食べることができたのは幸運だったし、石井さんのゲストだからこそと職人が用意してくれたのかもしれない。それはわたしにはわからない。

まったく心の準備ができていなかった。マイクと話し込んでいて、職人が貝をわたしに見せてくれていることに気づかなかった。後からマイクが「野球ボールぐらいの大きさだったぜ」と言っていた。

職人がまな板の上に貝を置き、開いて、誇らしげに中身を取り出して見せてくれた。それは半透明のうごめく柔らかな生きもので、形が変わる様はサイエンス映画に出てくるシェイプシフターそのものだ。愛想の良い職人が三つ数え、そしてその生きものをパチンと拳で叩き、動きを止めた。息が止まった。職人はそれに醤油を塗って、わたしの葉っぱの上に載せてくれた。

わたしの拳ぐらいの大きさがあったように思う。じわじわと動いていた。

わたしはマイクの顔を見た。**なんにでもチャレンジする勇敢な男は、かなり困惑していた。**編集者と石井さんが覗き込んでいる。「すごい！」と言ったのは編集者だ。

「チョー美味しそう！」

はじめての踊り食い

ここで記しておきたい重要事項が三つある。

まず、わたしの口は小さめだ。歯科医がいつもそう言っている。十代の頃に歯列矯正をするときに、「スペースをつくるため」、四本抜歯したほどだ（歯並びに対して口が小さすぎたから）。現代のアメリカの歯列矯正では、この野蛮な方法はもちろん用いられていない。後になって、親知らずが横から生えてきた。それも、歯茎内部に残っていた小さな歯が原因だったらしい。親知らずもすべて抜いた。これは、わたしが普通の人より八本も歯が少ないことを意味する。

二つ目に、**わたしが前回、何かしらの貝を食べたとき、その貝はしっかりと死んでいた。**シアトルの寿司レストランでもタフな貝に遭遇したことがあった。長い時間をかけて噛み、あきらめてナプキンに出してしまったことがある。その体験はわたしにとってはつらいもので、それから一年ほどは寿司が食べられなくなったのは事実だ。ということで、これ以来、貝は避けていた。

三つ目に、生きながらえようと必死な生きものをそれまで食べたことがなかった。

イシガキガイが口の中に入ってきたとき、それはわたしの舌の上で動いたような気がした。そして喉元に入り込んでしまったような気がしたのだ。食道が唯一の逃げ道だと思ったのかもしれない。これが刺激となって咽頭反射が起きた。わたしはとっさに祈りを捧げた。

ああ神様、ここで吐き出すことがないようにお守りください。

噛んでしまおうと必死になったが、そもそも歯が足りないわけで、喉の奥でうごめいている!?　生きものをどうしようもないのだ。

わたしは舌を使って必死に喉の片側にそれを押し込み、噛み砕こうとした。命を奪うことができなかったとしても、なんとか弱らせて、わたしの喉元を締めつけることを止めさせようと必死だったのだ。でも、イシガキガイはとにかく大きくて、わたしは自分の舌を動かすことができずにいた。

息が吸えなかった。目には涙がたまっていた。パニックとあきらめがわたしの心をじわじわと支配していった。

わたしはマイクを見た。マイクはわたしの異常を一瞬で察知した。何も言わずに、彼は編集者と石井さんのほうに体を傾けて、カウンターの残りのお客さんたちがわたしを見ることができないように隠してくれた。万が一必要であれば、口の中の軟体動物を取り出すことができるようにしてくれたのだ。マイクはさっと空になった味噌汁の椀をわたしの方に押してくれた。わたしはそれを見た。

激闘――命がけの咀嚼

この瞬間、わたしには二つの選択肢があると考えた。この珍味を口から出すか、それとも戦うのか。

わたしはぎゅっと指を握りしめ、あの有名な樫《かし》の木の下のスカーレット・オハラのように、きっと歯を食いしばって耐えに耐えた。

このスシはわたしの命を奪うかもしれない。しかし、編集者、職人、そしてなにより築地の先生である石井さんの前で、椀のなかに吐き出すことだけは絶対にできない。海洋性腹足《ふくそく》類よりも、わたしは強いはずよ。負けない。

ガシガシと顎を動かして、イシガキガイの端っこを歯で捕らえた。噛んで、噛んで、噛み続け、凶暴なまでに噛み続け、そして口のなかの野獣を抑えつけた。

噛みつかれたそれはわたしの喉元で力を失ったようだった。そのままゆっくりと噛み続け、しっかりと噛み、そして噛んだ。自分の脳を支配しなければならなかった。わたしは百回噛むと心に決めて、数えはじめた。
一カミ、二カミ、三カミ、四カミ、五カミ、六カミ……。

マイクはわたしをじっと見ながら、わたしの姿を他の客たちの視線から遮ってくれていた。彼らはわたしが喜んで、この特別な寿司を食べる様子を見たいと思っていたようだった。カウンターの向こうにいた若者が働く姿に興味を抱いたように見せかけて、首をねじって編集者と石井さんと職人たちと客の視線から逃げたのだった。

九十二回ほど噛んだところで、とうとう最後のひとかけらを飲み込むことができた。わたしはマイクの顔を見た。彼は目を見開いて、さらに噛んでいるところだった。彼の脚に手を置いて、わかるわよ……と気持ちを示した。彼はあとでその経験を「**噛み応えのある、跳ね回るボールみたいな貝のスシを食べた**」と言っていた。

わたしは横を見て、この緊急事態を誰かが気づいただろうかと窺ってみた。ありがたいことに、石井さんは楽しそうに職人と話をしていた。その職人がわたしに「どうですか？」と聞いていると編集者が教えてくれた。

イシガキガイで命を落としかけたばかりなのだから、残りの寿司はきっと楽勝だわと考えた。「**とってもおいしいです。ワンダフル**」とわたしは言った。

「あのイシガキガイはちょっと……わたしが考えていたよりも噛み応えがあったかもしれないなあって」

エビと目が合いましたけど……

職人は笑って、そしてカウンターの上に四尾の生きたエビを置いて、親指を突き立てた。それはわたしが市場内で見たブラックタイガーにも少し似た、とても美しいボタンエビだった。**そのなかの一尾がわたしをじっと見つめていた**ように思う。**もう一尾はマイクを見つめていた。**そして、エビはカウンターから職人によってさっと移動させられた。その数秒後、わたしたちの葉っぱの上にエビが置かれた。頭、殻、そして尻尾が取り去られている。身は酢飯の上で震えていた。マイクはそのすべてを撮影しながら、静かな声で「**動いてる……**」と言った。

普段だったら、喜んで手を叩いているところだ。でもあのイシガキガイの後では、生きたものを食べる気にはならない。しかし編集者が「生きているうちに食べてみて」と真面目な顔をして言う。石井さんも「生命力が」とかなんとか言いながら、編集者に同意していた。マイクは無表情だった。理由はわかる。わたしに出されたものはすべて、次にマイクの前に出されるからだ。

三人全員がわたしをじっと見ていた。イシガキガイ事件で、わたしの喉はまだ疲労困憊《こんぱい》だったが、わたしはプルプルと震えるエビを口の中に放り込んだ。失敗から学ぶことができるわたしは、片側の歯で、しっかりとエビを噛んで食べた。とても柔らかく、シンプルだけれどもすっきりとしたうまみだ。わたしが愛してやまない塩漬けの牡蠣を強く思い起こさせる味だった。

次はエビの頭である。さっと火であぶられている。とても小さくて、サクサクして、塩が効いていた。これはなかなかどうして気に入った。グリルされた外骨格なんて、好きに決まってるでしょ?

こんもりと盛られた、キラキラと光る魚の卵――サイズ的にはボールベアリングぐらいだ――が海苔に巻かれて出てきた。イクラである。甘くて、柔らかく、バブル・ティーの底に入ったタピオカよりは弾力というよりプチプチ感がある。

わたしは指を折ってネタの数を数えてみた。おまかせは通常十一種である。もうすでに十種食べている。**さあ、最後のネタだ。頼む、あれだけは、あれだけはなんとしても避けたい……。**

ウニの壁

「キャー！　ヤバい！　ウニ！」と編集者が叫んだ。

まずい。ウニだ。

もういちど書かせてほしい。これは外国の食材だから苦手なのではない。アメリカ西海岸ではウニは人気のある食材だし、特にシアトルの冒険的美食家の間では大変好まれている。シーフードレストランではメニューに普通に掲載されている。寿司の店だけで提供されているわけではないのだ。

わたしはこれまで、ウニとさまざまな形で遭遇してきた。そのなかにはもちろん、殻からすくいだしてすぐに食べる冒険的なスタイルも含まれる。最初に食べたとき、そのにおいが一週間も口の中に残ってしまった。ウニの独特な味は、習得しなければならないものだと皆は言い、**四回食べたら魔法のように好きになってしまう**ものだと言うのだった。わたしは忍耐強く何度も何度も挑戦し、いちどは在りし日の料理評論家、ジョナサン・ゴールドと一緒に食べたこともある。**四回目の魔法は訪れたが、あっという間に去って行った。**どうしても好きになれなかった。

ウニのどの点が苦手なのか、自分でも理解できなかった。とある夜、シアトルでもっとも美味しいという寿司店におまかせを食べに行ったときのことだ。その店にはあのイチロー・スズキや、佐々木主浩《かづひろ》といった有名な日本人野球選手たちが出入りしていることで知られていた。シアトルの日本人街の中にあるが、看板はない。食べることが大好きな麻酔専門医で友人のヴィンスと一緒にその店を訪れた。ウニに対する苦手意識を口にしようとすると、彼はたったひとことでそれを説明してみせた。「なるほど、君にとってウニは『テクスャ（食感）の冒涜』だったってわけだ」と彼は言った。その通りだ。まさに**テクスチャの冒涜**だ。

直前にイシガキガイ事件が起きていなかったら、ウニは必ず食べていただろう。結局のところ、わたしがこの人生でウニを受け入れられる最後のチャンスは、築地のカウンターだったのだろう。でも、無理だった。短い時間内に食べすぎ、そして目撃しすぎたのかもしれない。

「ああもうお腹いっぱい！」とわたしは言って、ウニを石井さんに渡した。彼は信じられないといった表情で笑った。

「え、食べないの？」と彼はにっこりと笑顔で言った。「もしキャスリーンさんがいらないっておっしゃるなら……」

「ええ、どうぞ遠慮なく食べてください。わたしもう、**本当にお腹いっぱい**で……」わたしは自分のお腹をポンポンと叩いた。「美味しいものばかりね。今日は本当に素晴らしかった」

マイクはわたしのマネをした。ウニが置かれるやいなや、それを編集者に渡したのだ。

「え、すごーい！　ありがとう！」と編集者は笑顔で言った。

市場の一部になるということ

わたしはイスに座り直して、お茶を飲み、店の中をぐるりと見回した。カウンターのはじに座っていた二人組が店を出ると、次に入ってきたカップルが座った。早朝で、外は凍るように寒くて、二人の顔は赤くなっていた。**期待にほころび、興奮と喜びが浮かんだその表情を忘れることができない。**二人は湯飲みを合わせて乾杯していた。握りが出るたびに、丁寧に写真に撮って記録していた。

もちろん、築地で寿司を食べたことは値打ちある経験だった。十一種類のおまかせコースは五千円ほどで、アメリカの富裕層の住む地域では二百ドルといったところだろう。しかし**これはお金の話ではない。別の理由で人びとはここにやってくる。**

築地のカウンターで寿司を食べることは、きっと市場の一部になることなのだ。古いしきたりの源泉である、この市場の役割を担うことである。もちろん、働き手とは別の方法ではあるけれども、それでも、**自分よりも大きな存在の一部となる行為**なのだ。その大きな存在とは、魚の準備と消費が日本の食文化であるという伝統と、宗教にも似た教えである。**ここで生涯働いてきた人びとによって、丁寧に仕込みが行われ、大切に扱われた魚が、ただ単に値付けされる存在なのではなく、敬《うやま》われていると示す方法だ。**鮮魚の祭壇で行われる、特別な儀式なのだ。わたしにイシガキガイ事件は起きたけれども。

情報の洪水

朝食が終わると、前日東京すしアカデミーで会ったカメラマンと通訳の女性がわたしたちに加わった。この後、石井さんがわたしたちを場外市場へと案内してくれ、だしに必要な昆布やカツオ節の買いかたから、日本食における食器の大切さなどを教えてくれた。

玉子焼きの有名店の厨房にお邪魔することもできた。ゆっくりと動くコンベヤの前に調理人たちが四角いフライパンを握って横一列に並び、日本風オムレツがフライパンから完璧で美しい形で皿に移されていく様子は圧巻だった。

朝の四時からしばらく経っても、石井さんのペースはまったく落ちていなかった。彼は一生懸命、わたしにすべてを見せてくれようとし、わたしも、全部この目に焼き付けたかったものの、気持ちを奮い立たせることが難しくなっていた。

突然、時差ボケの症状が現れた。疲労、そしてコーヒーが不足していたこと、多くの情報が頭のなかに流れ込んできたことによる混乱が襲ってきた。足が動かない状態だった。頭がクラクラする。失神してしまうのではとこわくなった。

愛されていると感じるのはこんなときだろうか。わたしは何も言わなかったのに、マイクは気づいていたのだ。彼は全員に声をかけて「キャスリーンにはコーヒーが必要みたい。できればいますぐにね」とわたしを助けてくれた。

たっぷりスタミナのある石井さんは混乱したようだった。「あと二時間しかないんだけどなあ」と彼は言う。編集者がわたしの顔を見て、そしてマイクにうなずいた。「わかった。キャスリーンにコーヒーを飲んでもらいましょう」と編集者は言った。

マイクは、シアトル在住の人間であるわたしは「本物の」コーヒーが飲みたいことを説明し、ちゃんとした「コーヒーブレイク」が必要だと言った。マイクはウェスタンスタイルのコーヒーショップを早い時間に見つけていたのだ。石井さんは眉を上げた。「ちょっとした休憩ですよ、休憩」とマイクは言い、説明しようと必死だった。編集者がマイクの意図を汲み取り、日本語で説明した。

「わかりました。じゃ、十五分後にね」と石井さんは言うと、カメラマンと一緒にどこかに消えていった。

築地でコーヒーを飲みながら

夫はわたしの手を掴むと、人混みをかき分けてわたしを引っ張って進んだ。編集者と通訳がわたしたちに続いた。「もう少し先だと思う」とマイクは言い、人でごった返した騒々しい通りを歩いた。角で曲がると、美しい紅葉の木の下に、小さな黒い張り出し屋根が見えた。通訳が他の客に交渉して、わたしたちが同じテーブルに座ることができるようにしてくれた。イスはガタガタしていた。ダブルソイラテをうっとりと飲みながら、パリのカフェの店先にあるテーブルと同じだと気づいた。目抜き通りにあっても、市場の喧噪《けんそう》に比べてとても静かだ。

ようやく一息つきながら、朝食の後に詣でた市場の入り口にある波除《なみよけ》神社のことを考えていた。波除とは、波から守るという意味である。一六五九年、築地がいまは皇居として知られる江戸城のまわりにあつまった小さな村の一つだった頃に建てられた。町の中心にある、立派なバリケードを施した大建造物だ。

現代では、市場とその働き手たちの守護社としての役割を果たしている。中庭には、大きな灰色の石でつくられた魚、エビ、卵、その他の食べ物の供養塔がある。これらはすべて漁業組合と農業組合の寄付により建立されたそうだ。**日本人が生き残るために捧げられた、海と家畜の犠牲への感謝**を示している。

コーヒーを飲みながら、わたしは神社で口にしたお祈りを思い出していた。異文化に触れ、この類まれなる市場が永遠に消える前にこうやって訪れるという、二度とない機会を与えてくれた神に感謝した。**市場で働く人たち全員に神の加護があるように、そして移転がすべてつつがなく行われますように**と祈ったのだ。

そして、わたしたちの朝食となってくれた魚たちに感謝した。もちろん、イシガキガイにも。

サカナ・レッスン2

魚をさばく

サバをさばく

ステンレス製テーブルを挟んで向かい合ったわたしとミスター27グラムの間には、まな板が置かれていた。完璧に折りたたまれたタオルの上に、ナイフが並ぶ。同じく、わたしとミスターの間に置かれたトレイには、二匹の銀色に輝くサバが静かに寝かされていた。

「**うろこのない魚は新鮮な魚ではない**」とミスターははじめた。「そして、魚の目。**常に魚の目はしっかりと見る。深くて、クリアでなければいけない。**魚の目が曇っていたら、それは新鮮でないという証拠です」

サバは長年慣れ親しまれてきた魚ではあるが、海水から出るとすぐに鮮度が落ちる魚でもある。英国では、サバはとても一般的であり、さまざまな場所で腐敗が発生していたため、『The Cambridge Economic History of Europe（ケンブリッジ欧州経済史）』の著者は「**サバの悪臭を表現する語彙は、他のどの種類の魚よりも多い**」と書いている。

「魚をさばくときは出刃包丁を使います」とミスターは言った。見た目は伝統的なシェフナイフのように見えるが、後で理解したところによると、**出刃包丁は片刃だけ研がれているらしい。欧米のナイフは両刃とも研がれている。**「一緒にやってみましょう」と、ミスター。

彼はペーパータオルをサバの頭に載せた。うろこ取りを使って、うろこを取る作業からはじめた。「お腹とひれの近くを取り忘れないように」うろこがまるで虹色の紙吹雪のように飛び散った。それを丁寧に拭い、そして魚をさばきはじめる。**魚の頭が左に向くように置いて、しっかりと押さえる。**ミスターは胸ひれ手前に包丁を入れた。「あまり強く押さえつけないように、やさしく切っていくこと」と彼は助言した。「**海面近くで泳いでいる魚は、とても柔らかい**ですから」

柔らかいお腹を切り開いた。「内臓を傷つけないように」とミスターは指示を出した。「包丁の刃先を使ってやってみて」わたしは彼の指示に従った。滑らかな灰色とピンク色の内臓をサバの腹から出す。魚の腹の中には、浮き袋と血合がある。「**魚のにおいを出すところなので、それは確実に取り除いて**ください」とミスターは言い、細い竹を何本も縛ったブラシのような道具で取り除いた。「そっとね、そっと」とミスターは、ささやくように何度も言った。サバを冷たい流水で洗い、トレイに載せた。包丁とまな板を洗った。なるほど、シンクが多いわけだとわたしは思った。

塩振りへのこだわり

ひれを切り落とし、尾を切り落とした。包丁を背骨に沿って動かして、身を骨から切り離す。反対側も同じように作業する。ミスター27グラムのサバはスムーズで完璧な切り身になっていた。わたしのはまるで、斧を使ってぶった切ったかのようだ。

ミスターは経験豊富な指導者だった。決して審判を下さなかった。「欧米諸国で使われているナイフに慣れていたら、日本の包丁は使いづらいよね」と、わたしを励ましてくれた。「**大丈夫だよ、すぐに慣れるから**」

次に、わたしたちは魚に塩をした。これは欧米の料理にはないワンステップである。「**塩を振ることで魚表面の水分とにおいを取り除く**んです」とミスターは説明した。同時に、「**この作業は魚のうまみを引き出します。**出てきた水分とにおいを拭うことで、味がよくなりますよ」

彼は濡れたサバをトレイにのせて、皮目に丁寧に塩をこすりつけていった。尾から頭、うろこに逆らうようにして。そうすることで、身に塩分が浸透していく。そして魚をひっくり返した。

「**こちら側には、振るだけ。こすりつけないで**」とミスターは説明した。大粒で粗い海塩を身にたっぷりと振った。ミスターの拳から滑らかで太い塩の流れが魚めがけて落ちていく。これは「べた塩」として知られる手法だ。軽く塩を振る方法は「振り塩」。**塩の振り方に名前を付けさせたら、日本人の右に出るものはいない。**

塩をされたサバは約五十分間寝かされる。サバがもっとも太っている冬場では、より長時間塩をして置いておくと彼は言う。「塩分が脂肪まで浸透するのに時間がかかるから」

日本の魚は出世する⁉

次に、英語ではgizzard shadとして知られている、銀色の小さな魚、コハダをさばいた。コハダは特にうろこが多い魚だとミスターはわたしに注意を与えた。デリケートでやっかいな小魚であるらしい。頭と内臓を取ると、コハダは塩水に漬けられた。

「三パーセントの塩水です。海水と同じだね」とミスターは言った。

日本では、サイズによって名前が変わる魚もあると知ってわたしはとても驚いた。「サイズが大きくなればなるほど、出世するんです」とミスターは説明した。コハダの場合もそうだ。

- その年に生まれた稚魚は新子《しんこ》（五〜八センチ）
- 小肌《こはだ》（八〜十センチ）
- なかずみ（十一〜十五センチ）
- 鰶《このしろ》（十六センチ）

ウソみたいだ。

コハダを調理したこの日は十月だった。九月頃までが旬だと言う。もっとも太ったコノシロほどのサイズのものは、通年獲られるが、晩秋から冬が脂がのって美味しいそうだ。もっとも高値がつくのが七月のシンコである。「東京の寿司屋はシンコを買います」とミスターは言った。「**日本人は、新しいものとか、走り（季節に先駆けて流通するもの。初もの）の食材にお金を払う傾向があります**から」

日本食は季節感を重要視する。一年の最初のマグロの競りは常に高値が付く。通訳が「年の最初に初ものを食べると縁起がいいって日本人は考えますよね」と付け足した。

この考え方が世界共通だということに、わたしは衝撃を受けた。

収穫したばかりのブドウでつくった最初のワイン、ボジョレー・ヌーボーはフランスからニューヨークに空輸される。アラスカ航空はコッパー川で獲られた初もののコッパーリバーサーモンを、巨大なサーモンに見えるようにペイントした飛行機で毎年シアトルまで運んでくる。ボーイング737だから、「サーモン・サーティー・サーモン」と呼ばれているほどだ。ミシガンのイエロー・チェリーの短い旬の期間に、フロリダではストーンクラブ（大型のカニ）が売り出される。

常温保存可能な食物であふれかえっているこの世界で、旬を楽しむ特別な食べ物を感謝する風習は、わたしには好ましく思える。

コハダのさばき方はサバと違い腹開きにするけれど、うろこは確かに小さかった。コハダを何匹かさばきながら、ふと、誰も言葉を発していないことに気づいた。わたしの耳に入ったのは、カメラマンが切る、シャッター音だけ。しばらくその音を聞き、そして「**これが禅なのかな**」とわたしは言った。

ミスターはうなずいて、わたしの気持ちに共感してくれているようだった。「そう。集中です。**わたしが魚を扱うのが好きなのは、集中できるから**なんです」

ステンレスの奇跡

さばけばさばくほど、わたしのコハダは美しくなっていった。まな板と包丁をきれいにした。

「**魚のにおいが気になるなら、何かステンレスのものに触れてください**」と彼は言った。これは初耳だった。

「ステンレスですか？」とわたしは尋ね、ミスターはうなずいた。わたしは自分の手のにおいをかいでみた。軽く魚のにおいがした。わたしたちは二人そろって、ステンレスのテーブルを触った。もういちどにおいをかいでみた。何もにおわなかった。**なにこれ、まるで奇跡じゃない！**

後日、そのメカニズムを探ってみた。魚の生臭さの原因であるトリメチルアミンがステンレスの構成物質と化学反応を起こして、においを肌から消すらしい。**同じことがにんにくとタマネギでも起きる。**

小さなコハダに振り塩メソッドを使って塩を振る。マイクが小さなスツールを持ってきてくれ、それに立ってシンクの上のほうから塩を振ることができるようにしてくれた。集中して、竹製のザルに並べられた小さな魚たちに、完璧に、均等に塩を振ろうとした。

ミスター27グラムさん、わたしがあっという間に振り塩をマスターしたからびっくりしてるに違いないわとわたしは思った……のもつかの間、帽子がシンクのど真ん中に落ちて、魚の上に載ってしまった。

キッチンが笑いに包まれた。本当に恥ずかしい。ミスター27グラムは、とてもウケていた。そして、この事件の一部始終を録画していたマイクは、わたしが一生忘れることがないように、あっという間にフェイスブックに動画をアップロードしやがったのだった。

日本人は高度なテクで魚を〆る

冷たい水を張ったボウルにサバを入れ、丁寧に身をすすいだ。やわらかい魚を扱うときはこの方法がいいとミスターは言った。流水だと魚を傷つけてしまうのだそうだ。

次に、冷たい酢で満たされたトレイに、皮目を下にして魚を並べた。酢は冷やしておかないと、皮がちゃんと剥けないのだとミスターは説明した。**酢に漬けることは、バクテリアを除去することにも効果がある**そうだ。

ミスターは、**日本では、魚を〆る方法が四通りある**と教えてくれた。

まずは**野〆**だ。「ただ、待つんです」とミスターは言った。死後硬直がはじまると魚の細胞が影響を受けはじめるので、あまり選ばれる方法ではない。

二つ目は超低温での**瞬間氷結**だ。遠洋漁業専門の船では一般的な方法だ。三つ目は**活《い》け〆**である。生きている魚のえらと尾の部分に刃を入れ、絶命させ、血抜きする。これは一般的で、日本の伝統的な方法である。

最後が**神経〆**である。長いワイヤーや水圧を使って神経を抜き、魚を瞬時に〆る方法だ。これは職人技で、他の方法よりは手がかかる。大型魚に向いている。「でも、この方法を使うことで魚の鮮度は保たれるんですよ」とミスターは言った。「これで〆た魚は高いけど、料理人もその価値はあると思っています」

第五幕

ミニチュア富士からの眺め

――恐れが学びに変わるとき

ウナギの抵抗もすぐに弱まる。特に、その頭が落とされた後は。
フランセス・レヴィソン

アナゴとの再会

今日こそ完璧にエプロンを腰に巻きつけようと孤軍奮闘していたそのとき、ミスター27グラムがニッコリと笑いながら調理室に入ってきた。彼は垂れ目がチャームポイントである。両手に発泡スチロールの箱を抱えている。

「ブレックファスト!」と、彼は笑いながら英語で言った。そして、血で染まった水の中でゆらめくアナゴの入った透明のビニールの袋を、うれしそうにわたしのほうに掲げてみせた。東京すしアカデミーでの二日目のレッスンがはじまる。

わたしはヘビが大の苦手だ。水の中に棲んでいるとはいえ、わたしにとってアナゴやウナギは、ほぼヘビでいい。とはいえ、寿司でもフレンチでもわたしはアナゴやウナギが好物だ。ヨーロッパウナギとして知られる淡水ウナギと、ウナギの稚魚であるシラスウナギは美味としか言いようがない。

フランス語で「マレ(marais)」とは沼を意味し、パリ市内の広大な歴史的地区であるル・マレはかつて繁栄をきわめたウナギの産地だった。フランスでは、ウナギはさまざまな方法で調理されている。骨つき、骨なし、ソテー、焼き、グリル、スモーク、それから魚介類のスープの具。

「しかし、日本にはより多くのウナギのレシピがある」と『*Behind the French Menu*（フレンチメニューの東側）』で書いたのは、著者ブライアン・ニューマンだ。

和食では、数千年前からアナゴや淡水性のウナギを調理してきた。アナゴとウナギを比べると、ウナギはより肉厚で濃厚な味わいであると考えられており、アナゴはその繊細な食感と自然な甘みが優れているとされる。

欧州人と日本人がアナゴやウナギを美食として楽しむ一方、アメリカ人はアナゴやウナギが苦手だ。「海のウナギ（sea eel）」とも呼ばれる「アナゴ（conger）」と「ウナギ（eel）」の区別がついていない場合も多い。フランセス・レヴィソンが一九五一年のライフ誌に寄稿した、パリのル・コルドン・ブルーについて書いたニュース記事には、『ウナギは皮を剥がなきゃ意味がない』と、軽快なタイトルがつけられていた。この記事は、料理学校について書かれた、もっともありがたくない記事であったと言われている。

「シェフがウナギを持ち上げた。まだ生きていて、元気いっぱいに暴れまくっていた」とレヴィソンは綴る。シェフが大理石の作業台にウナギの頭を打ち付けて気絶させた様子も、詳細に記している。

闘いはその後一方的なものとなったが、とどめを刺せたとは言いがたかった（中略）シェフがウナギの喉元を切り裂いたものの、死の苦しみに身悶えし、最期の力を振りしぼるようにのたうち回るその生きものの皮を剝ぐのは、至難の業だった。

ル・コルドン・ブルーはこれ以降、シェフ対ウナギのショーから撤退を余儀なくされた。わたしも、ウナギやアナゴはいちども触ったことがない。しかし、**イシガキガイを生き延びたわたしに、できないわけがない。**わたしは自分にそう言い聞かせた。

ツルツル野郎の防御

ミスター27グラムは、さっそくこの日のレッスンをスタートさせた。日本のアナゴの取り扱い方法は、レヴィソンが記事に綴ったようなフランスのそれに比べたら、**ずっと人道的なもののように思えた。**アナゴはわたしが来る前まで生きていたようだ。苦痛の少ない死を迎えられるよう、喉元が切られており、血抜きも済んでいた。暴れ回ってテーブルや壁に吹っ飛んで、悶えるというワケではない。大丈夫、これならいけるわ。

ミスターはまず、まな板を水に濡らしてみせてくれた。アナゴの動きを止めるためにまな板を水で濡らすというのは、直感的には逆ではと思えたが、これが正解のようである。次に彼はゴルフのティーのような金属の釘（「目打ち」と言うそうだ）を手にして、包丁の柄を使ってアナゴの目にまっすぐ突き立て、まな板に開いた小さな穴に打ち込んだ。

ああ、アナゴさん、ごめんね……とわたしは思ってしまった。わかってる、そんなこと考えるべきじゃないって。でもこんなことになるなんて、アナゴだって想像してはいなかっただろう。

ミスターは瞬《またた》く間に作業を進めていく。のこぎりを引くような動きで、上側の身を骨から切り分ける。アナゴは骨が三角形なので、作業的には特別なものだそうだ。

「これがやっかいなんだよなあ」と彼は言った。連結している骨はとても柔らかく、包丁で身を切り分けている様はまるで、衣類の縫い目をナイフで開いているかのようだった。

両側の身を切り落とし、骨がきれいになると、アナゴは魔法のように二枚開きとなった。彼はアナゴの身に沿うようにある、同じ長さのひれを切り落とすと、次に頭を落とした。

「はい、次はあなたね」と彼は言った。

はいよっ、とアナゴをわたしに渡す。わたしはヒイッという声とともに、テーブルにアナゴを落としてしまった。

説明するまでもないけれど、アナゴはわたしが生涯出会ったなかで、もっともヌルヌルした生きものだ。わたしはどうにかしてそれをまな板に置くと、金属の釘を手に取って、かわいそうなアナゴの目にガツンと打ち込んだ。

ミスターの動きをまねてみたものの、アナゴは本当にツルツルと滑って、ありとあらゆる場所に逃げていく。残酷に思える頭の打ち付けの意味を、このときわたしは完璧に理解することができた。包丁がどうにか皮の上を滑り、開くことができた。「ツ

ルツルしやがってこの野郎」と、小さな声で思わず言ってしまった。

ミスターは楽しそうに笑い声をあげた。「アハハ！　アナゴの自衛本能だね。ツルツルして敵から身を守るってわけ」

ツルツルが自衛本能だなんて……。このおかしな話を聞いてから、わたしは少しだけリラックスすることができた。**自然には理由があって、アナゴを扱いにくくしたというわけだ。**知ることができてよかった。

アナゴ・シンフォニー

次の瞬間だ。キッチンにバンバンと大きな音が響いた。

顔を上げると20人以上の生徒たちが一斉にバンバンとまな板に釘を打ち付けている。**バン！　バン！　バン！**

レッスン二日目のこの日、わたしたちは入り口近くの大教室でレッスンを受けていた。ミスターは両腕を広げて、日本語で何かを言った。通訳が、その日は東京すしアカデミー全体がアナゴの日なのだと教えてくれた。そんなのわたしのスケジュール帳には書かれていなかったけれど、なるほど、今日はアナゴの日だったというわけだ。

アナゴは本当にトリッキーだった。最初の一匹はうまくおろすことができなかった。血の色をしたビニールの袋から犠牲となるアナゴをもう一匹取り出したミスターは、それをわたしのまな板の上に載せた。わたしは意を決してそれを掴んだ。すると、アナゴがずるりと動いたのだ。

わたしはぎゃあと叫び、飛び上がって後ずさりした。ズルズルとヘビのように動き続けるアナゴ。わたしは持っていたタオルを使ってそれをつかみ、まな板まで引きずってきた。小さな釘をその目に打ち込み、**バン！　バン！　バン！**

釘が打ち込まれても、それでも動き回るアナゴは、まるでクエスチョンマークみたいに見えた。わたしの頭の中も疑問だらけだった。「お願い、あきらめて。それがあなたの運命だから」とわたしは強い口調でアナゴに声をかけた。アメリカでは、食べ物はめったに動かないのだ。わたしが混乱したとしてもどうか叱らないでほしい。

ミスターに自分がとことんおびえていることを悟られたくなかった。生徒たちのバンバンシンフォニーは続いていた。編集者と通訳さえ、大量のアナゴに唖然としていた。カメラを構えていたマイクは無表情だったけれど、彼がうろたえているのはわかっていた。

その日の朝、マイクは今日の授業内容を聞いてきた。わたしは、初日の授業ほどこわくはないはずだと彼には伝えていたのだ。しかしどうだ。わたしたちを迎えたのは、血に染まった水に入ったアナゴたちだったのだ。まな板のうえでピクピクするアナゴ越しに、マイクと目が合った。「ごめんね、マイク」とわたしは小さな声でささやいた。


わたしがアナゴを二匹おろしている間に、ミスターは八匹もおろしていた。わたしたちはそれを濡らした竹ザルに、皮目を下にして並べた。そして熱湯をかけて、氷水の中に入れた。そうすることでヌルヌルした皮が剥きやすくなる。

醤油、みりん、酒、砂糖の合わせ調味料で静かに煮込む。この手法は初日にメバルをまるごと煮付けたときと同じだ（171頁）。

ミスターはアナゴを注意深くバットに並べ、互いが重ならないようにした。「こうしておかないと、取り出したときに身が崩れてしまうんだよ」と彼は言った。「火が通ると身がもろくなってしまうんだ」

最初の恐怖感を乗り越えてしまえば、すべての経験が心躍るものだった。マイクはわたしのアナゴとの血まみれの死闘をすべてカメラに収めた。「これから週末のディナーはアナゴね」とわたしが言うと、「そりゃあ楽しみだ」とマイクは言ったが、顔が全然笑っていなかった。

高層ビルの谷間の小さな富士

アナゴとの闘いの後、ミスターとわたしはイナダの処理に取りかかった。まずはお腹をきれいにして、三枚におろした。ここで、ミスターがわたしに休憩を取らせてくれた。

東京すしアカデミー初日のコーヒー休憩で見つけたちょっと面白い場所を思い出したわたしは、マイクと一緒にそこで休憩することにした。

成子天神社《なるこてんじんじゃ》は西新宿の高層ビル群の谷間に存在する小さな住宅地の一角にあった。菅原道真の没年とされる西暦九〇三年に建立されたと伝えられている。主要な建物は彼のために建てられたらしい。誰が建てたのか、詳しいことはわかっていない。この地に移築されたのは一六六一年で、現在は柏木、そして成子地区を護っている。

成子天神社も美しかったが、**わたしたちが驚愕したのは富士塚だった。それはミニチュアサイズの富士山で、低木がたくさん生えていた。**

後になって、このような小さな富士山は江戸時代から関東圏を中心に数多く点在していて、喧噪に包まれた新宿区内だけで六カ所もあることを知った。十二メートルある成子天神社の富士塚は区内最大規模で、富士山から運んで来た土と溶岩からつくられている。

英語と日本語の看板がいくつか立てられていた。登るときは気をつけるようにと促す内容だった。岩の多い小道が頂上にある二つの小山の周りにつくられていた。太い鎖と鉄製のポールで、そこが道だとわかるようになっていたが、ふくらはぎぐらいの高さしかないから、それにつかまって登るには便利ではない。登るってタブーなの？看板にはそうは書いていなかったけれど、でも周りには誰もいなかった。

わたしとマイクは**大股で歩いて小さな山の麓にたどりついた**。上に登ると、思ったよりも、ずっと急だ。というか、ものすごく危険だった。まだ白衣を着ていたわたしは、山登りに適した靴も履いていなかった。

わたしの富嶽別景

わたしたちは気をつけながら頂上まで辿りついた。確かに、それは小さな丘だった。高層ビル群の谷間にちょうど収まるサイズだ。しかし、**たった十二メートルの山でもわたしたちの価値観を変える何かがあった**ように思う。

わたしは映画『いまを生きる』(ピーター・ウィアー監督、一九八九)の、とあるシーンを思い出していた。故ロビン・ウィリアムズ演じる型破りな英語教師が、生徒たちを机の上に立たせて、彼らの世界観を問いただすシーンだ。「**ものごとはつねに違った方向から見なければならない**」と、机に座りなおす生徒たちに彼は言葉をかけた。「**一歩踏み出して、別の視点を見つけるんだ**」そして彼はアメリカの詩人ヘンリー・デイヴィッド・ソローの詩の一編を引用する。

世界は私たちが考えるよりも広い。

賑やかな都会で、わたしたちは再び沈思のひとときを得た。とても静かで、アカデミーのアナゴ・シンフォニーが別世界のできごとのようだった。この場所に連れてきてくれたマイクには感謝しかなかった。アナゴには正直、どうしたらいいのかと困惑するしかなかったけれど、不安は払拭《ふっしょく》された。**そしてわたしはまったくいままで知り得なかったことを経験することとなった。**この都会のど真ん中にあるミニチュアの富士山に登ることだってそうだ。**冒険や新しいことにチャレンジしたいのであれば、チャンスを手にして、努力することで、きっと報われる。**

注意深く下山した。わたし自身がなぜ日本をこれほどまでに好きになったかわかったような気がする。富士から離れた地域の人たちのために、こうやって小さな山をつくるという、独特の日本文化だ。わたしはそこに惚れ込んだ。周囲はビルばかりの大都会だというのに、低木は美しく整えられている。**わたしはここに来ることができて、さまざまな経験を積んで、本当に幸運だった**と思う。

最後のレッスン

ミニチュア富士を登って落ち着きを取り戻し、一息ついたわたしたちはアカデミーに戻った。そこから再び寿司を握る復習をし、一昨日のレッスンで漬けたカマスを焼いた（172頁）。

わたしたちのレッスン最後の魚はヒラメだった。とても大きくて、平べったい魚は、両目が頭の右側にある。フロリダではヒラメはよく食べられる食材だから、わたしも何度も食べたことがある。砂や泥の下に隠れて獲物を待ち伏せするという習性から、捕まえるのが難しい魚だとされている。フロリダでは、ヒラメは春と夏に入江のあたりをぶらついているが、その場所は通常釣りが禁止されている区域でもある。秋の終わりに、はじめて寒い季節を乗り越えると、ヒラメは広い水域に移動して獲物を探すそうだ。地元民たちはそれを「ヒラメの季節」と呼ぶ。

平たい魚をさばくというのは、丸い魚をさばくよりも多少難しい。ひれを落とした後、ミスターは「すき引き」と呼ばれる手法をわたしに見せてくれた。意味としては、「すいて、引く」ということだろう。包丁をうろこと皮の間に差し込み、引きながら滑らせる。

「ちゃんとした日本料理屋では、ヒラメやカレイはすべてこのテクニックを使っています。でも、一般的な魚屋さんではそうだともかぎりません。手間がかかるしね」

次にミスターはお腹に切り込みを入れた。そして小さな胆嚢《たんのう》を指して見せた。「皮がとても薄いから気をつけて」と彼は言った。「万が一切ってしまうと、胆汁《たんじゅう》が出てきて、それで魚はダメになってしまう」

彼は注意深く、正確な動作で胆嚢を取り出すと、捨てた。そして肝を横に置いた。

ヒラメは五枚におろすらしい。丸い魚だと三枚から二枚だが、平らな魚は違うのだそうだ。「海底に棲む魚だから、身がとても柔らかく、それでいてすごくタフなんだ。部位によって違いますしね」と彼は説明してくれた。

「ヒラメのエンガワは美味しいから、そこは別にしてさばきますね」

彼は包丁を四十五度に傾け、そしてスライドさせると、一枚目の切り身をつくるために身をスライスしはじめた。「皮を剥くような感じで切らなくちゃいけないから、難しいんですよ」。次に背骨に沿って包丁を動かして、二枚目を切った。大きな切り身だった。彼はそれを裏返して、血液がたまっていた部分を見せて首を振った。「ちゃんと〆てもらえなかったみたいだね。**血液の塊になってしまってる。打ち身と同じ。暴れるとわかるんですよ。**船内で少し苦労してしまったかな」。ああ、かわいそうなヒラメ……。

そしてミスターはエンガワにとりかかった。それはひれの根もとにある部分の身だ。「ここがいちばんうまいって言われているんですよ」

ヒラメと昆布は最高の組み合わせなのだそうだ。だからミスターは、もっともタフで大きい切り身を手に取って、それと昆布を重ね合わせたのだ。これは「**昆布締め**」として知られるテクニックである。ミスターはしっかりとした身を何枚かにカットした。乾燥した昆布に日本酒を塗り、軽く塩を振ってうまみを引き出した。ヒラメの切り身は昆布のレイヤーの間にサンドイッチされ、そしてきっちりとラップされた。ミスターはそれをきれいにトレイに並べて、上に重しを置いて、そしてうまみが魚に浸透するために必要な時間（約十五分から二十分）、冷蔵庫で寝かせた。

シェフのおやつに肝醤油

次に出てきたのは、予想外のものだった。ヒラメの肝臓のうす皮を取り、塩を振り、五分置き、ぬるめのお湯に三分入れたものだ。それを醤油にといてにおいを除去し、そこに刻んだネギを入れた。なんと！

「ああ、これってフォアグラのようなものよね、**いわゆる、魚のフォアグラ**って感じ？」とわたしはジョークを口にした。みんな一斉に試食をした。それはまるで鶏かアヒルの肝という感じだった。同じようにクリーミーだったけれど、少しだけサクサクとした歯ごたえがある。芳醇《ほうじゅん》でデリケート。驚くほど美味。

編集者がすかさず、これは酒に合うのだと言い出した。「日本料理屋で食べようとすると、ちょっと大変」と彼女は言った。「食べられたとしても、こんな立派だとすっごく高い！」

ミスターは編集者に同意した。**一匹の魚に肝臓は一つ。それを口にするのは、二種類の人間だけらしい。「金持ちか料理人だ」**

わたしは笑い転げてしまった。「**アメリカ人のシェフが食材のいちばん美味しい部**

分を食べることは、『シェフのおやつ』って呼ばれているんですよ」

ミスターはこれを面白いと思ったようだ。「シェフは一生懸命働くわけだし、いちばんおいしいところを食べてもいいよね！」

ミスター27グラムとの別れ

最後にミスターは、大事にしているという特別な包丁を取り出して、ヒラメを極薄の刺身に切っていった。彼はそれを美しくて浅い大皿に芸術的に並べた。まるで花が開いているようだ。刺身は本当に薄く、向こう側が透けて見えるほどだった。らせんを描くような模様は貝殻を思い出させた。「薄造りはフグでやる場合も多いね」と彼は言った。

彼は皿の中央に飾り彫りをした大根と紅葉おろしを添えた。

昆布で締められたヒラメの刺身の準備ができた。ミスターはヒラメの身を丁寧に昆布から外すと、別の皿に盛り付けた。味見をしてみた。スモーキーで深い。昆布の風味がほのかな日本酒の香りとともに、鮮やかに魚へと移されている……。

「和食では、**素材が新鮮であれば、多くの調味料は必要ありません。**シンプルでいいんです」

ミスターとの時間が終わりに近づいていることを悟ったわたしは、とても名残り惜しい気持ちになった。授業が終わっても、ミスターは、わたしと一緒に過ごしてくれた。ｉＰｈｏｎｅに記録されている自分の作品を見せてくれ、わたしとの会話を楽しんでくれているようだった。**何もかもが素晴らしい体験だった。**小さな生きものを模したような寿司、皿の上にらせん状に広がる刺身、美しい巻き寿司。わたしとミスターはフェイスブックでも友達になった。**日本が恋しくなったら、彼のページに行って刺身の写真を見ることにするわ。**

池袋に戻ったその日の夜、ベッドの上で再び酒をちびりちびりと飲みながら、マイクとわたしは今回の旅について語り合った。**わたしたちはすでに以前のわたしたちとは全然違う。**マイクはいままでいちどもアナゴを食べたことがなかった。魚の肝臓？まさか！　刺身？　めったに食べなかったわ！　いままでは、すべてが予想外に美味しくて、そのうえ、ちょっと好きになりかけている。そのことが自分でも驚きだったようだ。

わたしにとってアナゴはヌルヌルして気持ちが悪かったけど、でも恐れるほどのものじゃない。**ミニチュアの富士山の上に立ったときのように、世界を目撃し、感謝し、理解を深めるための視点を、異なる味覚を通してわたしは学ぶことができた。**この身体いっぱいで受け止めることができたのだ。

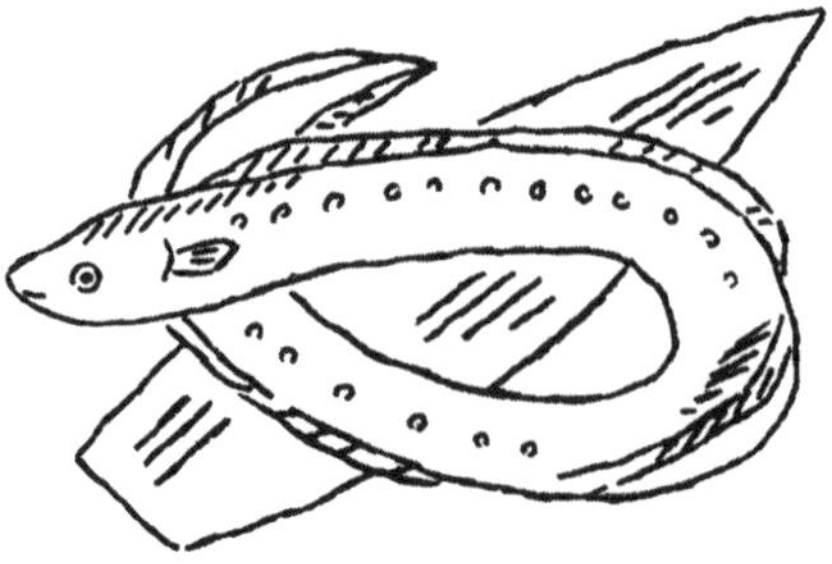

サカナ・レッスン3

寿司を握る

エア寿司で握りのレッスン

コハダに振りかけられた塩がいい仕事をしているところで、さあ、寿司のレッスンである。

ミスターはラップに包まれた少量の米をわたしに手渡した。これは、シャリを模したものだそうだ。**「だいたい十六グラムですね。シャリの平均的な重さです」**と彼は話しはじめた。高級店はシャリが小さい傾向だという。

ラップに包まれた米を使って、わたしたちは握り寿司を握る動きを練習した。

わたしは自分の右手に酢飯の桶が、左手に魚があると考えて動いた。ミスターの動きに従って、桶から指先を使って酢飯を取り、それを長方形に整えた。人差し指で少量のわさびを取って魚に塗り（いまは想像上の魚だ）、それを握った酢飯の上に置く。その後、親指で酢飯に穴をあけ、二本の指で上と下を押さえる。上下をひっくり返し、横をしめ、上を押さえ、横に回し横をしめ、上を押さえる。できあがり！

エア寿司を握る動作を三十回ほどくり返した。東京すしアカデミーの生徒は、本物の魚を取り扱う前に、一週間ほどこの動作をくり返すそうだ。**「筋肉に身体で覚える記憶をさせるようなものですね。**体の反射みたいにしてできるようにならないとね」とミスターは言った。

コハダの刺身とサバの棒寿司

その後、コハダを包丁で開いて塩を薄く振り、そして、サバと同じく、冷えた酢に十五分漬けた。それに五カ所の切れ目を入れて、背骨を取り除く。そして藤の花の形に整える。

サバのほうは、巨大な毛抜きのような骨抜きを使って骨を抜いた。

子どもの頃、魚釣りに家族と出かけて魚を食べて、喉に小骨が刺さって病院に行かねばならなかったことをミスターに話した。医者は両親に、ステーキを食べさせたら治ると言った。

ミスターは笑った。**「アメリカではステーキを食べろって言うんだ！　日本ではね、かつて、たくさんお米を食べろって言ったんだよ」**

サバの皮と身の間に包丁を滑らし、皮を引っ張りながら剥いた。片刃の日本の包丁は、この作業に適しているように思えた。

そしてとうとう、わたしたちがサバを東京すしアカデミー初日の最後の一品、棒寿司にする時が来た。ミスターはサバを斜めに切ると、真ん中に切れ目を入れて、開いた。そして丁寧にラップを敷いた巻き簀《すだれ》の上に置くと、白ごまを振った。

ミスターは小さなカップに入った手酢（水に少量の酢を加えたもの）を用意してくれた。「米を広げるときは手を使います。**手酢に指を浸してから作業すれば、米がくっつきません**」と彼は説明した。

丁寧に巻かれ、銀色のサバが上に載った、立派な棒寿司ができあがった。**ああ、美しい。**

地球温暖化を肌で感じる日本人

東京すしアカデミーの二日目のレッスンでは、ミスターはわたしに復習の時間を与えてくれた。アジとイナダで寿司を握るところを見せてくれたのである。

「鮮魚のアジは調理する**人間の指の温度にとっても敏感**なので、作業はささっとやらないとね」と彼は言った。

「最近台風が多くてね。だからこういう天然ものを手に入れるのが難しくなってきているんですよ」とミスターは言った。「気候の変化で、カツオでさえ漁獲高が減ってきています。どんどん少なくなってきてるんだよね」

わたしは**温暖化に懐疑的な人たちがアメリカにはいる**と彼に言った。彼は首を振った。

「日本って島でしょう？　僕らは海に囲まれて暮らしているんですよね」と彼は話しはじめた。「**日本にいると、疑う余地なんてないんじゃないかな。**魚の世界で働いている人だったら、誰でもそれが現実だってわかっているはずだから」

ミスターはこれについてもう少し議論を深めたそうにわたしには見えた。でも彼は話をやめて、授業を先に進めた。イナダである。イナダもまたコハダ同様、出世する魚だそうだ。しかも地方によって呼び方が違う。関東では小さいものから順に、ワカシ→イナダ→ワラサ→ブリと呼ぶ。

寿司ネタにぴったりのサイズは、縦七・五センチから八センチ、幅二・五センチほどらしい。この、魚を切りそろえる作業は「切りつけ」と呼ばれ、多くの生徒が苦労する。

「見栄えやグラム数にいたるまで、きっちりと揃える必要があります」

そうですよね……と思ったわたしの脳裏には27グラム氏が出演するJALのCMが流れていた。ミスターは一枚切り取り、見せてくれた。「やってみる?」

わたしはイナダから身を切り取った。ミスターの切り取ったものに似せるために、**包丁を寝かせて作業をした。**

「上手だよ!」とミスターは言い、わたしはとんでもなく誇らしい気分になった。

わたしはもう数枚切ってみた。**完璧じゃなかったけど、じゅうぶんよ!**

第六幕

魚グリルと秋刀魚の味

——日本の家庭の台所へ

知れば知るほど、創造できる。
キッチンのイマジネーションに限界なんてない。
ジュリア・チャイルド

読者ミーティングでの気づき

旅先では必ずスーパーマーケットをチェックする。それがわたしの鉄則だ。店で何が売られているかを見れば、その国の文化が手に取るようにわかる。わたしは、出版社で行われた読者ミーティングを終えたとき、日本のスーパーマーケットの棚で何が売られているのかを調査しようと改めて心に決めた。

数日前に東京に来てからというもの、東京すしアカデミーでのレッスンや、築地市場の見学で、日本の魚文化を集中的に学んだ。日本料理に魅せられて、銀座の有名料亭で板前として働くポルトガル人の夫を持つ、女性寿司職人とも話をした。嵐のような数日間だった。情報の波に飲まれながらも果敢に吸収しようとした。そしてようやく、一息つけた日に、わたしがずっと楽しみにしていた読者ミーティングが開催された。

アマゾンジャパンと同じビルに入っている出版社のカフェスペースには五十人ちかくの読者が集まってくれた。

広いカフェスペースには太陽が燦々《さんさん》と降り注いでいた。わたしは、今回の来日での体験を語りながら、改めてその意味について考えていた。

歴史を終える築地市場で働いていた人たちからは手に取るように不安を感じ取った。

東京すしアカデミーで経験したさまざまな技術は、わたしに魚をさばく楽しさを教えてくれた。**キッチンで特別な技術を学ぶって、すごく満足感があることだ。魚をまるごとおろす作業は、丸鶏の解体によく似ている。**すでにカットされている鶏や胸肉などに慣れてしまうと、それがかつて生きていたという事実を忘れてしまいがちだ。

読者からもさまざまな意見が語られた。選ぶのに自信が持てなかったり、保存や調理に苦手意識を持ってしまうのが魚である。こうした読者とのやりとりは、アメリカと日本は海を隔てた遠い国だとはいえ、**料理する人たちは同じ難題に直面し、同じ答えを求めているの**だと思い起こさせた。**それは、学びだ。自分に自信を持つこと、人生のヒントに触発されたいと願っているということ。**そこに今回の旅の答えがあるのではないか。

日本のスーパーマーケットを観察

読者ミーティングの翌日、わたしは夫のマイクを残して、一人で東京の街にくり出した。

スーパーマーケットで、わたしにとって**いちばん印象深かったのは、魚介類のバラエティーの豊かさ**だった。それには、切り身だけではなく、尾頭つきの魚も含まれる。八種から九種という決まりきった魚しか販売しないアメリカのスーパーとの顕著な違いだ。

サーモン、タラ、テラピア、メバル、マグロのステーキ、そして地元で獲れる魚が加わったラインナップがアメリカの定番だ。シアトルではそれはオヒョウであり、フロリダではフエダイである。アメリカのスーパーで、定期的に売られている、切り身になっていない魚といえば、川マスぐらいのものだ。

シアトルの有名なパイク・プレイス・マーケットでは、魚をまるごと販売している店は数店舗あり、そこでは巨大なサーモンを買うこともできる。ただし、それを買う客のほとんどが自分で内臓を処理したり、切り身にはしない。魚屋の職人がそれを代わりにやってくれるからだ。

西洋の調味料が数多く並んでいることにも驚かされた。トリュフソルト、輸入マンゴーといった高級食材までずらりと並ぶのが東京のスーパーマーケットだ。「流通システムは高度に発達しており、日本にいて調達できない世界の食材はほとんどないと言ってよい」と、『*Japan: The Cookbook*（日本の家庭料理）』で著者のナンシー・ハチスは書いている。

わたしが驚いたことがもう一つある。大量のプラスチックだ。一つの店舗の中で、さまざまな製品がすべて丁寧に、一つひとつ、プラスチックのトレイやラップで包装されているのだ。それにはオレンジやバナナも含まれる。皮を剥いて食べるのに（つまり、皮がすでに実を守っている食べ物だというのに）、きちんと包装されているのだ。

わたしは何枚も写真を撮影し、スーパーマーケット観察ノートにびっしりと書き込んだ。わたしをじっと見ている人たちがいた。きっと「あの外国人、冷凍食品がそんなに珍しいのかしら?」なんて考えていたのかもしれない。従業員の男性が「なぜメモを取っているのですか? ホワイ? フォト?」と聞いてきた。わたしは「スーベニア。思い出のおみやげよ」と答えた。男性は肩をすくめて「そう。オーケー」と言って仕事に戻っていった。

後日、翻訳者にこれについて聞くと、日本のスーパーでは食品の撮影を禁止している場合が多いらしい。知らなかったとはいえ、ごめんなさい!(でも勉強になった)

秋刀魚とクンペイ

読者との交流イベントの後、わたしは何人かの読者と連絡をとっていた。彼らからの質問を受けたり、わたしが彼らに質問をしたり、キッチンの写真を見せてもらったり、個人的に会って、キッチンを訪問させてくれないかなんて頼みごとをしていたのだ。何人かがキッチンの写真を撮影して送ってくれ、メールや電話で質問に答えてくれた。そんなことをしているうちに、**一人の読者がわたしたちの離日前夜に夕食に招待してくれることになった。**

クンペイは三十代の若き男性だ。わたしとマイクをお宅の最寄り駅まで迎えに来てくれ、スーパーマーケットに連れていってくれた。そこで彼は**美しく銀色に輝く秋刀魚**《さんま》が三匹並んだパックを、三つ手に取って購入した。一パック五百八十円ナリ。クンペイはカゴに秋刀魚を入れると、ゴーヤ、ネギ、そして梨を追加した。

「なぜ秋刀魚を選んだの?」とわたしは聞いた。彼は少し考えると、「とても美味しいからです。日本人にとっては、とてもなじみのある魚ですし。**この季節、日本人は秋刀魚をよく食べますから**」と答えた。

秋刀魚……それまでいちども聞いたことがない魚だ。皮がギラギラと光る銀色で、まるで鏡のようだ。日本の大平洋岸に生息する回遊魚らしい。秋刀魚が動くと漁師も動くと言われているそうだ。いちばん美味しい秋刀魚は八月に北海道沖で獲れるもの、あるいは九月に三陸沖で獲れるものらしい。水温が低いため、たっぷりと脂肪がつくのが美味の理由である。

わたしたちは彼の家までしばらく歩いた。手入れが行き届いた二階建ての家だった。靴を脱いで玄関を上がると、ステンレスのボウルに米と水が満たされているのが見えた。

「ああ、米を水に漬けておいたんですよ。十時間ぐらいね」とクンペイが説明してくれた。彼はボウルを手にすると、キッチンに持っていった。彼は冷たくて甘いジンジャー・ティーとおかき（ライス・クラッカー）をわたしたちに出してくれた。喜んでいただいた。

「すごくおいしいわね。なんて種類のクラッカーなの？」とわたしが聞くと、クンペイは「ごめんなさい。これ、おつとめ品だったんですよ。ちょっと割れてて」と恥ずかしそうに謝った。そんなことちっとも気にならない。わたしは割れたおかきを手に取って、魚の形に並べておどけてみせた。

日本の家庭の台所へ

彼の台所には、瓶、箱、缶、皿、そして調理器具が多く置かれていた。中華鍋、さまざまな大きさの鍋、たくさんのボウル、電気スチーマー、竹製の蒸し器、炊飯器、やかんなどだ。アメリカ以外では、デザインが揃ったシリーズものの調理器具はあまり使われてないのだということに気づいた（アメリカではそれがなんとなくおしゃれで流行である）。調味料や香辛料、そして調理器具にいたっては辺り一面に置かれていた。シンク下の収納スペースの扉には備え付けの包丁収納があった。床には箱に入った洗剤があった。

ここにこんまり（近藤麻理恵《まりえ》）はまだ来ていないらしい。わたしはなぜだかとてもリラックスできた。**まるで実家に来たように思えたのだ。わかるでしょ、そういう安心感。**

彼の台所はなかなかどうして広かった。「ねえ、日本人がよく言う**魚グリル**ってここにもあるのかしら？　ほら、引き出しみたいに出して使うっていう、あの謎の機械のこと」とわたしはクンペイに聞いた。

彼はスタスタとガスコンロに歩み寄ると、明るい表情で、さっとそれを引き出してみせた。わたしが大興奮して魚グリルを見る姿を見て、彼も驚いただろう。

「あ、あったあった！　魚グリルだわ！　だってみんなが魚グリルについてわたしに言うんだもん、どうしても見たくなっちゃって！　これ、**わたしが人生で初めて見るジャパニーズ魚グリル！**　あなたも頻繁に使ってるの？」とわたしはクンペイに聞いた。

「もちろん！　すごく便利なんですよ」と彼は答えた。「僕はこのグリルが好きですね」

使い込まれたコンロは一目見ただけでわかる。そしてそんなコンロを見ると胸がいっぱいになってしまうわたしのこの気持ち、わかってもらえるだろうか。わたしのシアトルの自宅のキッチンにあるコンロは、たっぷりと掃除が必要なほど汚れている。コンロが妙にピカピカしているキッチンは、少し寂しくなってしまう。だって、それはあまり料理をしていないという意味だからだ。わたしの友達のニコルはロスでケータリングビジネスを営んでいるが、何百万円もしそうなキッチンのある豪邸に行って目撃するのは、いちどもプラグが入れられていない、ガス栓もつながれていない、未使用の調理器具やコンロだと言う。すでに三年も住んでいる家のコンロが使えない状態だということを知らなかった家主もいたそうだ。

それに比べると、**クンペイの台所は、動いている、生きているキッチンだった。**

「ということは、よく料理はするのよね、クンペイは」とわたしは聞いた。

クンペイは「うん、そうですね。ほぼ毎日してるかな」と答えた。

クンペイは食品棚を含め、わたしにすべてを見せてくれた。中身を指して、一つひとつ説明してくれた。「これが料理酒、それからこれがオリーブオイル、それからここにも油があって、これが黒酢ですね。これがソースで……このソースは関西のソウルフード的な食べ物をつくったときに使います。たとえばたこ焼きとかお好み焼きとか。これが米酢、これがウィスキー、それからみりんでしょ……」。わたしはすべてを書き記した。

わたしのキッチンにある西洋の道具と、魚を調理するために使われる日本の料理道具にも、ときに共通点を見つけることができた。それはとてもワクワクするできごとだった。さて、次はクンペイの冷蔵庫だ。

冷蔵庫には人生が詰まっている

冷蔵庫の中身を見られることに人は抵抗感を覚えるものだ。

百軒以上の家を回り、キッチンを観察してきた。冷蔵庫のドアを開けるときに、所有者は必ずわたしに一言、ごめんねと言う。**でもクンペイはそうしなかった。**彼はうきうきした様子で冷蔵庫の中身を見せてくれたのだ。

まずは、下の段が冷凍庫になっている。東京でも、あるいは世界の大都市の住まいでも、多くの人がアメリカと比べると小さなサイズの冷蔵庫を所有していることをわたしも知っている。ロンドンで五年間住んでいたとき、わたし自身も小さなサイズの冷蔵庫を所有していた。

クンペイの冷蔵庫には食品がたっぷり入っていたけれど、きちんと整理されていた。「あなたの冷蔵庫ってとてもきれいに整頓されているわね」と言うと、クンペイはうれしそうに笑った。

わたしたちは一緒になって冷蔵庫の中を探検した。冷蔵庫に入っていた食材をいくつかつまみ食いしてみた。山椒、魚醤《ぎょしょう》、数種の味噌、漬物などを試した。

「ここは野菜室です」と、彼はプラスチックのドアがついた引き出しを開けて見せてくれた。野菜はきちんとビニール袋に入れられ、整頓されていた。

「これは何?」わたしはドアポケットに入ったジップロックのスクリューコンテナを指さした。

「あ、これは僕の弁当箱。今日、持って行くのを忘れちゃって」と恥ずかしそうに言うクンペイ。わたしたちは一緒になって笑った。

冷凍庫はさまざまな冷凍野菜、豚肉、鶏肉などでいっぱいだった。魚は冷凍ではなく、鮮魚で買いたいのだそうだ。

「ちょっとあの竹製のトレイを見て！」わたしは台所の一角に置いてあった一メートルほどもある大きなザルを指さした。クンペイはわたしがそれに気づいたことにうれしそうな様子だった。

「はい、あれは梅干し用に僕が使ってるんです」と言い、冷蔵庫の中から梅干しが入ったコンテナを取り出して見せてくれた。

「塩辛いですよ。よかったらどうぞ」。最初の一口はぴりっとしたが、直後、とても酸っぱくなった。少しすると酸味がまろやかになっていった。「うん、とっても酸っぱいけれど、それでも梅の香りは残るわね。とてもおいしいわ」とわたしは感想を述べた。

米を炊き秋刀魚をさばく

すべての日本食はきっと、白米を炊くところからはじまるのだろう。

彼は水に漬けていた米を炊飯器にセットした。それはきっちり四十六分後に炊き上がるそうだ。次に彼は土鍋に別に取り分けてあった米と水を入れ、そして椎茸を加えると、火をつけた。

「よし！　それじゃあ、魚をさばきますか！」と、彼はウキウキした様子で言った。

クンペイは魚をジャブジャブと洗った。そして、一匹目のお腹を丁寧に切り、そして内臓を取り出した。それを取り除くと、今度はきれいに水で洗い流した。クンペイはわたしにも一匹さばいてみろと言う。東京すしアカデミーで練習を重ねたから、とても上手にできた。**「とても簡単に調理できる魚ね。やりやすかったわ」**とわたしは言った。わたしはクンペイが秋刀魚をさばく姿を横に立ってしっかりと観察した。彼は残りの七匹すべてをたった四分半でさばいてみせた。

どうやって料理を習ったのかクンペイに聞いてみた。「なんとなく覚えたんですよ」

と彼は言った。大学に通っているときに、興味が湧いたのだそうだ。

わたしは彼にスーパーマーケットに観察に出かけたことを話した。そして、「スーパーでは切り身も買えるのに、でもあなたは魚をまるごと買いたいのよね。それはなぜ?」と彼に聞いた。

「僕の専攻は生物学なんです。だから、**生物の体の中には興味があります。だから僕にとって、料理は興味深くて楽しいこと**なんですよ」と彼は笑った。

寿司をつくるのも好きだと付け加え、**寿司をつくるときは必ず魚をまるごと買う**のだと教えてくれた。ミスター27グラムも、魚全体を見れば、それが寿司にするのにじゅうぶん新鮮かどうかがわかると言っていた。

クンペイは二匹のきれいに処理された秋刀魚を半分に切った。この二匹分の秋刀魚は塩をされた。外側と内側に塩を振り、そして水分をきれいに拭った。それらはまとめて魚グリルに入れられた。もちろん、頭はついたままだ。クンペイは魚グリルのトレイに水を注ぎ入れ、タイマーをセットした。

「九匹の秋刀魚なんて、けっこうな量を使うのね」とわたしは言った。「全部料理するの?」

わたしはどうも彼の心を読んでいたようだ。「実は僕も同じことを考えていて。九匹は多いですよね」と言って、彼は緊張気味に笑った。

次に彼は秋刀魚五匹を三枚におろし、お腹の骨を抜いて皮を剥いだ。包丁の背を使って身と皮を引き剥がすのだ。「この方法が楽だと思うんです」と彼は言った。秋刀魚の身は濃い色をしていて、少し硬めだった。「こうやって料理をすることはストレス解消になって本当にいいんですよ」と彼は言い、「**長い一日の終わりに料理をすると、本当に落ち着きます**」と、秋刀魚に塩を振りかけた。「こうやって塩を振ることで、水分とにおいが抜けてくれるんです」。それはわたしがミスター27グラムに教わった通りのことだった。

三角コーナーの知恵

クンペイはアルミホイルの上に骨を並べて、それをリビングルームの隅に置いてあったトースターに入れた。「まずはこの骨を焼きます。それから、煮込んでだしを取るんです」

残りの二匹は先ほど味見した梅干しで梅煮にする準備をし、クンペイは内臓、皮、えらを集めると、小さなポリ袋にまとめて入れた。

「こういった魚の残り物は、どうするの？　堆肥にするとか？　それとも捨てるの？」

「すぐに捨てちゃいますね」と彼は言った。「**この袋はスーパーでもらってきたもので、僕は生ゴミの処理に使ってます**」

クンペイはにおいが出そうなものを丁寧に集めて、すべてその小さな袋に入れた。夕食後、まとめてぽいっと捨てられるようにするのだ。こうすることで、**生ゴミを台所の三角コーナーに残さない**。いいアイデア。

クンペイの家には小さな家庭菜園があったが、そこにこういった魚の残骸を使うことはないそうだ。「虫が集まってきちゃいますからね」とクンペイは説明してくれた。

魚グリルのタイマーが鳴った。クンペイはそれを引き出して、魚をチェックした。「うん、すごくいい色だ」と満足げだった。魚は濃い茶色に焼き上がっていた。外側はカリカリだ。クンペイはビニールの手袋をはめ、秋刀魚の骨を外した。とても簡単に外れるようになっていた。身からするっと簡単に外して、とてもきれいな身だけになった。彼は外した骨をシンクのゴミ箱にぽいっと投げ入れてみせた。
「簡単だね！　そんなに簡単に外れちゃうのね！」とわたしは言った。**ほら、やっぱり魚はこわくないじゃない！**

椎茸と一緒に土鍋で炊いた米の上に、グリルで焼いた秋刀魚が並べられた。その香りたるや、うっとりしてしまうほど素晴らしかった。彼はそれを再びコンロに戻し、炊き続けた。

そのとき、鍋がもう一つコンロの上に載っていることにわたしは気がついた。「ねえ、これは何をつくっているの？」
「ああ、それは昆布だしです」と彼は説明した。クンペイは鍋に少しだけ日本酒を加えると、次に塩を入れた。**夕食に少しだけそのだしを使って、残りは冷凍する**予定だという。

次に彼は里芋に薄く小麦粉をつけると、熱した油に入れてフライにしはじめた。時々箸でひっくり返してきれいな揚げ色をつけていく。

言葉の壁を超えるとき

　このときになって、彼の両親が帰宅した。まずは彼の母親が戻ってきた。彼女は靴を脱ぎ、両手を洗って、そしてクンペイと交代して里芋を調理しはじめてくれた。数分後に父親が戻った。二人とも英語を話さなかったから、クンペイが通訳をしてくれた。クンペイの両親が何も知らされていなかった様子にわたしは少し驚いてしまった。帰宅したら息子が立派なディナーを料理しており、それを録画している外国人が二人もいるなんて。いったい何が起きたのだろうと思ったのではないだろうか。

　いったんキッチンを離れたクンペイの父親が、ボトルに入った何かを持って戻ってきた。マイクはリビングルームでクンペイの父親とくつろいでいた。ボトルに入っていたのは、スパークリングタイプの日本酒のようだった。**わたしもマイクも、スパークリングの日本酒なんていちども飲んだことがない。**

　父親は瓶の栓を慎重に、ゆっくりと抜いていた。ガスが抜けるまでしばし待った。そして、もういちど栓を少しだけ緩める。彼はそれをしばらくくり返してガスを抜き、中の液体がこぼれないよう気をつけていた。

わたしはクンペイと一緒に台所にいた。マイクがクンペイの父親と笑っている声が聞こえた。**旅をすればするほど、人間どうしのあたたかいコミュニケーションに言語はそれほど必要でないことを思い知る。言葉がなくても仲良くなれる**ものなのだ。

その傍らで、クンペイはゴーヤを調理しはじめた。ゴーヤはつぶつぶのついた緑の手榴弾のような形をしていた。クンペイはそれを一口サイズの輪切りにした。次に、白髪ネギをつくった。彼のナイフスキルには驚いた。

「インターネットでなんでも学べますから」と彼は微笑みながら言った。

彼はゴーヤを解凍したイカと炒めて、米酢ベースの簡単ビネグレットをつくった。

さあ、寿司の時間だ。

みんなで握る寿司はうれしい

クンペイは、炊き上がったばかりで湯気が立ち上る米の半分量を炊飯器からステンレス製のボウルに移した。塩、砂糖、そして酢をガラス製のメジャーカップに入れて量り、それをレンジに入れて三十秒ほど加熱した。炊きたての米に合わせ酢を回しかけて、大きなプラスチック製のしゃもじで混ぜた。味見をし、うなずいて、そのボウルをダイニングルームに運んだ。

クンペイは大きなラップの箱を持ってきて、テーブルの半分をそのラップで覆った。わたしたちはビニールの手袋をはめた。クンペイは水と酢が入った小さなボウルを並べた。わたしたちは二人で手をその水で濡らして、そして米を手にして、握りだした。

「**ワインのコルクをつくるイメージでやるといい**んだって」とクンペイが言い、わたしはそれをとても良い例えだわと思った。

最初のシャリはいい感じにできあがった。「ああ、とっても上手！　まるで寿司マスター！」とクンペイが言ってくれた。「だってそれ、授業でやったばかりだしね」とマイクがその様子を撮影しながら言った。

わたしとクンペイで、二ダースぐらいのシャリを握っただろうか。クンペイはそのシャリの上にふわりとラップをかぶせ、表面が乾かないようにしてくれた。そしてキッチンに戻ると寿司用の秋刀魚の仕上げにとりかかった。おろした秋刀魚の背中に切れ目を入れ、そしてちょうどシャリの大きさになるようにスライスした。

クンペイはスライスした魚を皿に載せてダイニングテーブルまで運んだ。ゴム製の手袋を一組マイクに渡すと、二人で酢飯の前に立った。寿司を握るのだ。**マイクが寿司を握る姿なんて……こうやって見ることができるとは夢にも思わなかった。**それに、マイクは寿司を握るのがとても上手だった。結局のところ、彼だって東京すしアカデミーのレッスンを見学していたのだから、学んでいて当然なのだ。

素晴らしき夕餉

とにかく大量の料理ができあがった。お吸いもの、秋刀魚ごはん、秋刀魚の梅煮、刺身、里芋の唐揚げ、イカとゴーヤの炒めもの、前の晩から漬けていてくれたというナスやししとうなどの煮びたし、そして新鮮な秋刀魚寿司だ。デザートには冷やした梨と、彼の父がスパークリングタイプの日本酒を買いに家から出たときに、一緒に買ってきてくれたケーキを出してくれた。**もう、最高の気分だった。**

「本当にこんな風に毎晩料理をしているの?」とわたしは疑うように聞いてみた。彼は笑って「いいえ、まさか。**これはあなたのために特別につくったんですよ**」と言った。わたしもマイクも感激して、胸がいっぱいだった。こんなに素晴らしい料理で歓待してもらえるなんて。

わたしたちはスパークリングのお酒で乾杯した。それはほんのりと甘くて、クリーミーと言ってもよい味で、爽やかに、そして軽く発泡していた。**すべてのものが美味だった。**お吸いものには昆布とローストされた秋刀魚の骨からのうまみが効いていた。秋刀魚ごはんはそれだけで立派なディナーだった。ゴーヤの炒めものには正直驚かされた。塩こしょうとニンニクで味つけしたそれは他の皿と比べると、まったく愉快なコントラストだ。そして手づくりの秋刀魚の寿司は……なんて言ったらいいのだろう、わたしがそれまで試した**どんな握り寿司よりも、心を打つ寿司だった**のだ。

夕食が終わりに近づくと、クンペイがわたしに声をかけてくれた。マイクはそれを撮影していた。

「とても楽しい時間でした。胸がいっぱいです。言葉になりません」とクンペイは言い、声を詰まらせた。

「あなたの作品が好きです。ここまで来てくれてありがとう。あなたと夕食をご一緒できてとても幸せです」

両目に涙がたまってあふれそうになった。

「わたしたちだって、本当に幸せ。あなたとこうやって過ごすことができたんだもの！」わたしは感激して言った。

「あなたって本当にすごい料理人だわ。こんなにしてくれてありがとう。感謝してる。今日は本当に勉強になった。あなたにどうやってお返ししたらいいのか、わからないぐらい」

クンペイは胸がいっぱいだと言ってくれた。**わたしの心は感謝の気持ちであふれていた。**

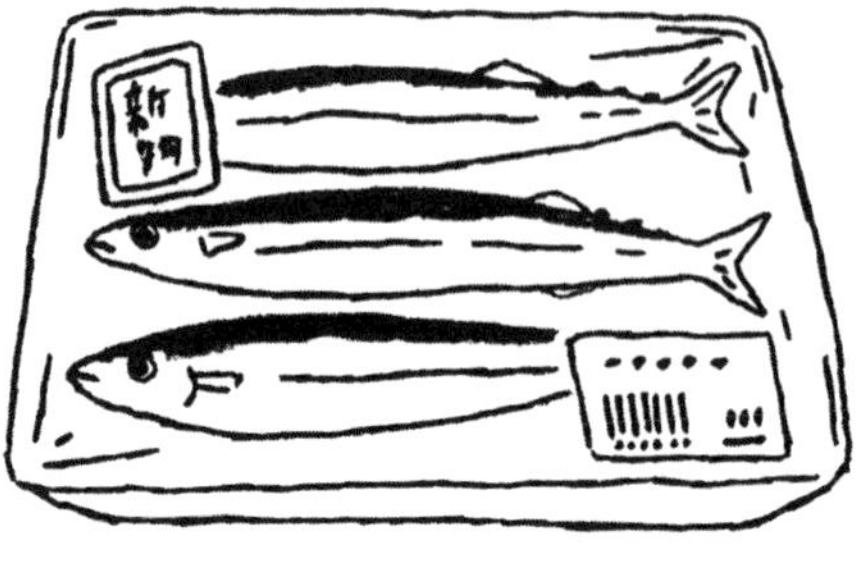

サカナ・レッスン4

煮魚と焼き魚

メバルを煮付ける

煮魚（煮付け）という調理法はメバルで学んだ。煮魚とは、甘く香り高いソースで魚を煮含める手法だ。

メバルの下処理をするときに、ミスター27グラムは「上身」という言葉のコンセプトを説明してくれた。

フランス料理と同様、和食の調理人は魚の頭を左に向ける。そのように魚を置いたとき、上側にあるのが「上身」で、下側にあるのが「下身」となる。

煮魚にすることになっているメバルは頭を落としていなかった。内臓の処理はしている状態で、腹の切れ目は下身の側にあるため、この**煮魚を食べる人が切れ目を見ることはない。**えらも下身から除去される。同じコンセプトはフランス料理にもある。

熱湯を注ぎ、**魚の湯通し**をした。こうすることで、**魚のにおいを消し、取り残したうろこがより取り除きやすくなる。**そして、酒と水を同量にくわえたソースで、魚をまるごと調理し、後に醤油とみりんを加えていく。

ミスターはスライスした生姜数枚と尾びれをホイルで包むと、鍋の底に沈ませた。「こうしたら底にくっつかないからね」と説明してくれた。

ミスターは砂糖と醤油を加え、最後に下ゆでしたゴボウを入れた。

少しだけ味見してみた。複雑で、かすかな甘みと生姜のほのかな香り。ミスターは鍋をホイルでふんわりと覆った。鍋が煮立ちはじめると、素晴らしい香りがキッチンを満たした。

カマスは超こわい

ミスター27グラムに会う前のわたしの人生には、カマスとの接点はほとんどなかった……記事を執筆した以外は。

間違いなく、わたしがこれまで新聞に寄稿した記事でもっとも奇妙だったのが、**凶暴なカマスがフロリダ沖で人間を二度も襲った**というものだった。どちらの襲撃も体長二メートルを超える巨大なカマスが海面から高速で飛び出し、船上の釣り人に激突したというものだった。それも、同じ週末に事故は起きた。

キーウェストの事故では女性が片腕を失いかけるという重傷を負った。

もう一件の衝突は、アナマリア島沖で発生した。「僕は他の人たちが釣りをする姿を眺めていただけなのに」と被害に遭った男性は証言した。巨大なカマスが海面から高速で釣り人によって引き上げられ、そのカマスの口が男性の肩に激突し、腕を切り裂き、首の大動脈をかすめた。船の乗組員がカマスにとどめを刺した。**男性は後日、そのカマスを剥製にしてオハイオの自宅の壁に飾った**そうだ。


　このような事故はめったに起きることではない。「同じ時代に起きただけではなく、同じ週末に起きたなんて信じられない」と海洋生物学者はわたしに言っていた。

　こうした事故を引き起こす巨大なオニカマスはスポーツとしての釣りで捕えられることはあるが、**アメリカでカマスが食べられることはまずない。**シガテラ毒を持つものもいて、シガテラ中毒〔訳注　不整脈やめまいといった症状が出る〕を引き起こすこともあるからだ。

小さいけど油断ならない!?

日本で食べるカマスはアメリカのカマスよりずっと小さく体長五十センチ前後だ。もっぱらカマスと言われるのはアカカマスという種類で、ほかにヤマトカマスなども食べる。

　わたしたちが東京すしアカデミーでの焼き魚のレッスンに使っていたのは四十五センチほどのカマスだった。**小さい、しかし危険ではある。たぶん。**これを初日に下ごしらえしておいて、二日後に行われる二回目のレッスンで焼くことになっていた。

　カマスには骨が多く、さばくのに多少苦労をした。それに、**これって牙が出てない？　え？**

　身は硬く、メカジキに似ていた。これを西京味噌でマリネするらしい。

西京味噌とはバターにも似た滑らかな京都産の味噌だ。米麹《こめこうじ》を多く使ってつくるらしい。わたしにとって麹には独特の味があって、西京味噌の味は日本酒アイスクリームに通じるものがある。

ミスターは小さな長方形のバットの底にたっぷりと味噌を塗りつけた。ちょうど切り身を二切れを並べることができるサイズのバットだ。これは、**味噌床**《みそどこ》（西京味噌を酒とみりんでのばしたもの）と呼ばれているらしい。「味噌のフロアだね」と彼は説明した。

彼は二切れのカマスを味噌床に置いて、指でぐっと押した。その上にガーゼをかぶせ、再びたっぷりの味噌を塗った。そして最後にラップをした。これを最長で三日漬け込むらしい。味噌は魚をマリネすると同時に防腐剤としても作用するということだ。

「**魚の脂が乗っている場合、たとえばサーモンなどを使う場合は、マリネ液に直接漬け込んでもいい**のだけれど、今回はどちらかというと脂肪分が少ないので、ガーゼを使いました」

黄金色に輝く西京味噌

果たして二日後、カマスと味噌はがらりとその姿を変えていた。**魚の身は淡いベージュになり、魚を包み込んでいた味噌は深い黄金色に変わっていた**のだ。

「魚の身が黄色がかったのがわかりますか？　これは西京味噌の色なんです」

金属製の串を注意深くカマスの切り身に打った。ミスターは丁寧に銀の皮目に切り込みを入れ、熱が抜けるように、身に何カ所か穴を開けた。これは**両づま折り**と呼ばれる串の打ち方だそうだ。

ミスターは日本の一般家庭の台所の多くには、**魚グリル**が備え付けられていると教えてくれた。東京すしアカデミーにはプロ仕様の大きなグリル器がある。

「**漬けた魚は、漬けてないものや塩をしただけの魚に比べて焦げやすいん**です。砂糖や味噌、それからそれに似た調味料が使われた魚は、焼くときに注意深く見てあげないといけない」

焼いた後、まだ熱々のカマスを皿に移した。わたしたちはすぐにそれにかぶりついた。こわいカマスを制したのだ。

マリネして二日も経過した魚はもっと鋭い、舌を刺すような刺激的な味がするものだとばかり思い込んでいたけれど、それはとても軽やかで、複雑な味だった。

第七幕

キャッチ&リリース
――釣り、築地、わたしの人生

しかし結局、捨てられない原因を突き詰めていくと、じつは二つしかありません。
それは「過去に対する執着」と「未来に対する不安」。この二つだけです。

『人生がときめく片づけの魔法』近藤麻理恵

開場初日、豊洲市場へ

わたしたちが東京を離れる日の朝。石井さんが再び夜明け前にわたしをホテルまで迎えに来てくれた。

今回は、豊洲市場の開場初日を見学するためだった。開場から一週間ほどは、見学することが難しいと聞いている。本来、わたしは豊洲から締め出されているはずなのに、こうして行くことができるなんて、これも石井さんのおかげと言うしかない。

外から見た豊洲には、あまり大きな特徴がなかった。豊洲地区にある別の巨大な建物に比べても、目立つ特徴があるというわけでもなかった。それでも、一つだけわかりやすい点があった。たとえ、早朝五時の暗闇のなかであっても。

「あれを見てくださいよ。あの先が新しい市場だってわかります?」と、石井さん。わたしたちの近くの**交差点で渋滞をおこして、ずらりと並んだ冷蔵トラックの車列を指している**のだ。何百台もの車がぎっちりと列をなしている。警察官が動かない車列をなんとかして分散させようと必死だ。

開場初日の混乱だとも言えるが、アメリカに帰国してから調べてみたところによると、この交通渋滞はこれから先も解消されそうにないらしい。市場がもっとも忙しい早朝に起きる、永続的な問題なのだそうだ。

わたしたちはやっとのことで駐車場に辿りつくことができた。どこに車を停めればいいのか、はっきりとわからないような場所で、魚が詰まった発泡スチロールの箱が無造作に駐車スペースに積み上げられていた。現場は混乱しているように見えた。またもやターレに轢かれそうになった。

新しい市場はゆりかもめの市場前駅周辺に建設されている。三つの主要な建物が通路でつながる構造だ。あまり話題にはならなかったけれど、築地にあった青果の中央卸売市場もこちらに移転してきているらしい。

建物の中に入ると、打ったばかりの新しいコンクリートのにおいが充満していた。こういった産業空間ではおなじみの、ギラギラと目を刺すような蛍光灯がいたる所に取り付けられている。**建物内部は驚くほど暖かく、それは多くの商人たちや石井さんが問題と捉えている部分だ**った。高温と魚は相性が悪いからだ。

広くてオープンで、商店がひしめき合う築地とは対照的に、豊洲の内部には独立した販売エリアが設けられていた。**商店というよりは、ストアの印象**が強い。古い築地市場の縦横無尽に伸びる通路とは違い、よりわかりやすく区別されていた。前の週末に、大群となって橋を渡ってきたターレは、豊洲でも猛スピードで新しい通路を走り回っていた。ターレ専用レーンをつくらなかったのは奇妙である。

水産卸売場棟にある新しいマグロの競りエリアには、大きなアーチ型の天井が備え付けられていた。わたしたちが到着したときはすでに競りが終了していた。築地市場で使われていた古い手押しのカートがこちらでも使われていた。コンクリートと、塗られたての壁のなかにあっても、その手押しのカートを見たときはなぜだかふと、うれしくなった。

前の競り場に比べると、**新しい競り場は舗装された駐車場のような印象**だ。床は明るい緑色に塗られている。マグロの赤い身が引き立つように選ばれた色らしい。ガラスで囲まれた見学者用の通路とデッキがあって、競りを上から見学できるようになっている。まるで空港のラウンジのようだ。

わたしたちは卸売場棟を離れ、仲卸業者を訪ねることにした。通路にはフラワーアレンジメントがあふれるように並んでいる。クライアントから店へのプレゼントだと石井さんは教えてくれた。明らかに、繁盛店ほど大量に、多種の商品をそろえていた。有名店の女性従業員二人がわたしに日本酒を手渡してくれた。朝からお酒と驚いたが、飲んでみると、ほんのり甘くて美味だった。

誰もが笑顔で挨拶を交わしていた。これから続いていく、長い旅路の一日目なのだ。そんな晴れやかな日であっても、場内の空気は、慌ただしさと戸惑いに満ちていた。部外者のわたしでも感じ取ることができるほどに。

石井さんの人生

見学後、わたしと石井さんはホテルに戻った。わたしとマイクは二日前に池袋のホテルメトロポリタンから東京駅に近いパレスホテルに移動していた。石井さんは英語に堪能だったが、より詳しい話を彼から聞くためにインタビューを行いたいとわたしが希望し、通訳を雇っていた。それであれば石井さんもリラックスしてくれるだろう。マイクがホテル最上階の会議室を予約してくれていた。わたしたちが彼を部屋に招き入れようとしたとき、石井さんは窓から眼下の街並みと皇居の庭園を眺めていた。そしてクスクスと笑った。わたしは、何か面白いものでもありました？　と彼に聞いてみた。

「僕ね、若い頃、このホテルの宴会場で働いていたんですよ」と彼は言った。「接客の仕事をしていたときがあったんです」

二時間にもおよぶインタビューで、わたしは彼のそれまでの人生を辿ることとなった。石井さんが働いていたのは、まずはホテルのキッチンだった。そこを皮切りに、最終的には築地市場の競り人として様々な仕事を経験したのだ。

わたしは石井さんに豊洲の未来を聞いてみた。

「さて、どうでしょうね」と彼は話しはじめた。「東京都庁がどれだけ卸売業者と良い関係を築けるか、競売人がこれまでと同様の熱意を保てるか、それにかかっているんじゃないかとわたしは思いますね」

若者を業界に呼び込むことができるか、それを彼らが魅力だと思い、やりがいを感じられるのか。若かりし頃の石井さんが感じた熱意を、彼らも感じることができるか否か、それが重要だろう。そして、**日本の大切な遺産としての魚文化を、いまの若い**

世代と将来の若い世代が受け継いでいくことができるかどうか……そこにすべてがかかっている。

「これから先も魚の消費量が減っていくとなると、どうなるかはわかりませんね。そのときになるまで、何も」と石井さんは締めくくった。

さよなら東京

石井さんへのインタビュー終了後、編集者がホテルまで見送りにやってきてくれた。前回と同様、わたしたちは少しだけ悲しいお別れをした。わたしとマイクは羽田に向かった。とうとう、家に帰る日がやってきたのだ。

とても長い間アメリカから離れていたような、不思議な気分だった。サンフランシスコまでの直行便に搭乗し、そこからシアトルまで戻る計画をしていたが、シアトルに直行するのではなく、まずはハーフムーン・ベイで宿を取り、一晩ゆっくり過ごすことにした。ホテルがあったのは街の南側の、太平洋に面した古い漁村だった。

わたしの両親は結婚当初、このサンフランシスコに数年住んでいた。わたしの二人の兄と姉は当時、まだ幼い子どもだった。兄はサンフランシスコで生まれている。兄と姉のお気に入りの遊びは、ハーフムーン・ベイでの釣りだったと、母がわたしに教えてくれたことがある。大きな竿を持った二人の写真を見せてくれた。そのうちの一枚で、兄がアメリカイチョウガニを掲げている。わたしは三冊目の本にその釣りの様子を書いたので、夫のマイクはそのことを知っていた。彼は、その場所が日本でのできごとを振り返るのに最適ではないかと考えて、ホテルを予約してくれたらしい。

長い昼寝の後、わたしたちは「サムズチャウダーハウス」に出かけた。

このレストランが掲げる使命は、**環境を破壊しない量のシーフードを提供すること**だそうだ。そのほとんどがカリフォルニア沿岸である地元の海から獲ったもの。メニューによれば、レストランは海岸環境の保護を目的とした国際環境ＮＧＯのメンバーである。メニューには湾岸で獲れた大西洋マグロもあった。

わたしの好きな魚がいくつかメニューに記されていた。キングサーモン、ペトラーレ・カレイ、そしてメカジキだ。でも、いまのわたしは以前のわたしとは違う。**海のコンフォート・ゾーン（安心できる場所）から、わたしはすでに飛び出している。**だから、いつもとは違うものを食べたかった。ということで、地元で獲れたスズキをチヨイスした。大西洋の水域に生息するスズキは地中海ではもっとも重要な魚の一種とされているが、カリフォルニア沖でも釣り上げられるとは驚きだ。ニックネームは「海の狼」。海洋生物学者は、スズキは他の成魚を狩るプレデターだとしている。

フライパンでローストされたスズキは、クリーミーで深い味わいのある椎茸と一緒に提供された。ソテーしたほうれん草とローストポテトが付け合わせである。水平線に沈む夕日を眺めながら、わたしはもうすでに日本に戻りたくなっていた。ミスター27グラムの言葉を思い出してしまう。食材の丁寧な仕込みを知れば、よりいっそう食べ物に感謝できるようになると……。**わたしは目の前にある魚に、「ありがとね」と思わず言った。**一口食べた。うまい。

醤油と味噌が引き出すもの

自宅に戻り、さっそくわたしは日本で学んだことを復習することにした。注意深く観察すれば、わたしが日本で受けた日本食のレッスンは、いたるところで応用することができる。

「日本の料理人は、海をすみずみまで利用する方法をあみ出したと言える」とは、ネットフリックス・オリジナルシリーズ『美味しい料理の4大要素』の冒頭で語られた料理家のサミン・ノスラットの言葉だ。彼女は同番組の塩のエピソードで日本を訪れている。

ノスラットは旅の途中で、日本在住のアメリカ人料理家ナンシー・シングルトン・ハチスを訪れる。ハチスは日本人の農家経営の男性と恋に落ち、いまは小豆島に住んでいる。日本食についての本を何冊も記し、その功績が高い評価を受けている人物だ。

「日本に越してきたばかりの頃は言葉が理解できなかったから、テレビで料理番組ばかりを見ていたの」と、彼女はノスラットに告白する。料理番組で彼女は言葉を習得しただけではなく、引っ越してくるまでまったく知らなかった和食について、奥深くまで知ることができたそうだ。

ハチスはノスラットに地元の醤油と味噌を紹介した。二人は「醤油ウィスパラー（醤油職人）」の男性を訪れる。彼の家に五世代にわたって受け継がれてきた伝統の醤油づくりが紹介される。創業百五十年を迎えるこの企業オリジナルの木桶は、いまでも、醤油づくりに使用されている。

男性はビールづくりに似た方法で、まずはもろみ（大豆、小麦、塩、水）を仕込む。「環境の中で菌が醤油をつくっている。わたしはそれを少し手伝っているだけなのです」。二年後、それは搾られ、醤油となる。対照的に、店頭で買うことができる普通の醤油の発酵期間は約三カ月ということだ。

職人は木桶をノスラットに見せる。シングルトンもノスラットも、プクプクと泡だつ菌の音を聞く。二〇〇九年に、彼は新しい木桶を注文したらしい（桶をつくる会社は一社しか残っていない）。この木桶の製作会社が醤油桶のオーダーを受けたのは、第二次世界大戦以降、はじめてのことだったそうだ。

「**日本でこの製法でつくられている醤油は**一**パーセントを切っています**」と職人は説明する。「日本人のほとんどがこのタイプの本物の醤油を味見したことがないと思いますよ」

ハチスは日本の料理人に、地元の食材でつくった味噌と醤油を使って料理をするよう呼びかけている。**醤油や味噌を、シチューやトマトソースに合わせ、風味とうまみを増す**方法を試すよう勧めている。日本から戻ったわたしは、味噌や醤油を料理に加えるようになり、この二つが引き出す味の深みに驚いた。

五十七冊の日本料理本

わたしはシアトル公立図書館に出向き、五十七冊の日本料理に関する本を借りて、研究をはじめた。図書館が所蔵していなかった本は、購入の申し込みをした。たとえばハチスの最新刊『*Japan: The Cookbook*』がそうだ。魚と魚産業に関する本も借りた。トレバー・コルソンの『*The Story of Sushi*（ストーリー・オブ・スシ）』、そしてデイビッド・モンゴメリの『*King of Fish: The Thousand-Year Run of Salmon*（魚の王様：サーモンの歴史）』も借りてみた。

シアトルの日本文化会館に相談して、日系アメリカ人フードライターのエイミー・ゴールディンを紹介してもらい、インタビューすることができた。彼女は地元の漁船の船長でもある。**わたしの魚の学びの旅は、東京ではじまったばかりだったのだ。**

ハチスは『*Japan: The Cookbook*』の執筆に三年の月日を費やした。料理人に食べ物についての見解を聞くことはできても、**人がどんな食べ物をつくって食べているのかを知ろうとすれば、家庭料理人に話を聞かなければならない。**ハチスのもともとのアイデアは、日本のおばあちゃまたちに伝統の料理を紹介してもらい、地方の家庭料理について彼女自身が学ぶというものだった。しかし、このチャンスに飛びついた人はほとんどいなかった。「**誰かのために料理するということは、相当のエネルギーが必要なのだ**」と彼女は記している（その気持ちはクンペイがよくわかっていると思う）。

料理をしてくれた数少ないおばあちゃまたちは、まったくの善意でそうしてくれたそうだ。ハチスは、そんな日本全国のおばあちゃまたちとお茶を飲みながら何時間も話し込んだ。しかしそれは、彼女の徹底的な調査の一面でしかない。彼女は、**世界中のほかの家庭料理人と同じように、日本でも、より多くの人びとが手軽な食べ物と時短料理に依存するようになっている**と認識するにいたっている。

「それでも、こういった伝統的な食べかたがいまも、そしてこれからも失われずにいると考えたい。ただ見過ごされているだけなのだと」

わたしはハチスのこの一冊に大きく心を動かされた。この本を掘り下げれば掘り下げるほど、本物の食材を手に入れたくてしかたなくなった。行く場所は……あそこしかない。

老舗日系スーパーの心

豊洲を案内してもらったとき、わたしはアメリカに常温保存可能な調味料を輸出している販売会社の女性に出会っていた。彼女はわたしがどこからやってきたのか尋ねた。彼女は「え、シアトルなんですか？　ああ、まったく問題なしですよ。そこだったらここに並んでいる商品が全部買えますから」と、陳列されている商品を指さして言った。「だって全部、**宇和島屋に売ってますもん**」

宇和島屋はアメリカでもっともよく知られている老舗の日系スーパーだ。日本やアジアの食材・雑貨を扱い、太平洋岸北西地域で最大手の小売企業のうちの一つである。シアトルにある一万五千平方メートルの売り場面積を誇る旗艦店は、わが家から電車で十分の場所にある。

宇和島屋は**古きよき時代の移民のサクセスストーリーと、我が国の歴史のなかの、暗黒の時代を思い起こすきっかけ**を与えてくれる。

愛媛県八幡浜市出身の森口富士松《ふじまつ》が愛媛県の宇和島からアメリカにやってきたのは一九二八年のことだった。彼は宇和島で十代を過ごし、さつま揚げ（じゃこ天）とかまぼこの製法と販売を学んだ。

森口はタコマ〔訳注　ワシントン州。シアトルのすぐ南に位置する〕に辿りつくと、日本からの移民たちに加わって開拓地に住み着いた。大きな海産食品の販売会社で数年働き、最初の商店をタコマで開く。屋号は海産食品の販売方法を学んだ宇和島にちなんで、「宇和島屋」とした。夜になると、妻と一緒に魚肉のつみれやその他の日本人が愛してやまないソウルフードをせっせとつくったのだそうだ。日中、そんな食べ物を、醤油、米、その他の調味料といっしょに移民たちに売りまくった。トラックの荷台に食べ物を積み込み、伐採地、漁業、あるいは建設現場で働く日本人労働者に売って歩いたのだ。

「トラックの荷台で、米袋の上に寝ていたことを思い出しますね」と、森口の次男で現会長の富雄がアメリカ人映画製作者に話している。彼の記憶のなかで、両親はつねに働いていた。

「父は、わたしが知っている誰よりも厳しい労働倫理を持っていましたね。でも、厳しい表情の裏で、実はとてもやさしい人でした。必要であれば、同じコミュニティーの人たちを喜んで助けていました」

一九四一年に真珠湾攻撃が起きたとき、森口は妻とともに新天地で子どもたちを必死に育て、そしてがむしゃらに働いていた。

一九四二年、他の多くの日系移民とともに、森口とその家族は日本人強制収容所に送られる。子どもたちと一緒に列車で移送されたとき、妻は八カ月の妊婦だった。家族に何が起きるのか、どこに辿りつくのか、だれにも予想できなかった。

一家はカリフォルニア州北部のツールレイク強制収容所に到着した。その後三年間、六メートル四方の狭い質素な家が彼ら全員の住処となる。妻はまもなく出産し、その後、収容所内で二人の子どもが生まれる。夏は過酷な暑さに耐え、冬は凍えるような寒さをなんとかしのいだ。子どもたちは、母が政府から支給された毛布をジャケットに仕立て直したことを覚えているという。**戦争が終わるまでに、十二万人もの日本人が収容所に送られた**そうだ。

収容期間中、他の家族と強い絆を築き上げた森口は、一九四五年に解放されるとシアトルに移動し、アジア系移民の多い地域に新しい店を開いた。

森口一家は、強制収容所から戻ってきた他の日系アメリカ人家族を支援し、食事、雇用、そして助言を与え続けた。ビジネスは徐々に拡大し、提供商品も増えたが、**宇和島屋はつねに日本を忘れなかった。**

一九六二年、宇和島屋はシアトルで開催された万国博覧会に出展する。シアトルのスペースニードルが建てられた際に開催された博覧会だ。宇和島屋はさまざまな種類の寿司、天ぷら、そしてラーメンを提供した。世界中の注目が集まったが、同時にそれは宇和島屋にも大きな代償を強いることとなった。六十四歳という若さで富士松がこの世を去ったのだ。その後、次男の富雄が事業を受け継ぎ、最近では富士松の孫娘に企業は引き継がれている。**大平洋岸の北西部において、宇和島屋はもっとも伝統的で、もっとも成功を収めたファミリービジネス**と言えるだろう。

米国の平均的なスーパーとは違う鮮魚コーナー

わたしは**宇和島屋に並々ならぬ使命感を抱いて足を踏み入れた**。魚売り場にまっすぐ、一直線に、ズカズカと進んでいった。

宇和島屋にはシアトルのどのスーパーにも売られていないような魚が並んでいる。尾頭つきの魚を含め、なんと**五十種以上**の魚がそろっている。大きくてブサイクなキンキ、スズキ、カレイ、ニシン、サバ、秋刀魚、コハダ、イワシ、トラウト数種、川魚、それからスルメイカなどだ。

宇和島屋のカウンターには刺身レベルのキハダマグロ、ブリ、サーモンがあった。寿司に使用できるほど高いグレードの、最低でも二十種の冷凍の魚を販売してもいる。

水槽（生《い》け簀《す》）はアメリカのスーパーマーケットでは珍しいものだが、宇和島屋にはアサリやロブスター、牡蠣のための大きな生け簀があった。また、ぜいたく品であるウニ、ボタンエビが美味しい時期になると、ラインナップにそれらが加わる。アナゴも売っていたが、すでに開いてあった。アナゴは鮮魚のもの、そして冷凍ものがそろえられていた。

宇和島屋では魚の調理サービスがある。自分で魚をさばきたくない人のためのサービスだ。「**魚によっては、まるごと、つまり尾頭つきのものが好まれますから、このサービスの提供が必要になってきますね**」。魚介類のセクションで働いていた女性がそう教えてくれた。彼女自身も尾頭つきの焼き魚が好きだそうで、夫が魚全体に味付けをしてくれ、ハーブを詰めてバーベキューグリルで焼くのだそうだ。

尾頭つきの魚を買う

わたしは宇和島屋のカウンターの前に立ち、考え続けていた。**魚をまるごと買うべきか、それともおろしてもらうべきなのか。**

カウンターにいた女性に**客の何パーセントぐらいが尾頭つきの魚を買うのか**聞いてみた。彼女は、たぶん**客の半数は尾頭つきの魚を買う**と言う。「お客様がここに来てくださる理由は、わたしたちが**尾頭つきの魚を販売しているから**なんですよね。多くのお客様にとって、そこがとても重要です。新鮮であれば新鮮であるほどいいんですから」。彼女は、**買い手が若ければ若いほど、大きな魚をさばいて、きれいにしてほしいと言う**と指摘した。「若い人たちは魚をおろす方法は知りませんしね」

わたしはサバを購入した。だって、いまのわたしにはサバをおろす技術があるんだもの。日本で習得した知識があるじゃない。わたしは尾頭つきのサバを意気揚々と持ち帰り、マイクが撮影したビデオを見て復習した。買ったばかりの日本製の包丁を用意し――実は築地の場外市場で購入していたのだ――注意深く手順を追った。クンペイの戦略を参考にして、においが出そうな内臓などの部位は袋にまとめて夕食後に外のゴミ箱に出した。

寿司もつくろうかと考えたが、結局のところサバ好きを自称するジェイミー・オリバーに習うことにした。「僕はステーキよりもサバが好きだ」と彼は綴っている。「味を付けて、それからおいしい魔法をかける。グリルで焼くと最高だよ。それにさまざまな料理に使うことができる、融通の利く食材で、おまけに身体にとてもいいんだ」

わたしは購入した鉄板を用意して、皮目を下にして八分間焼くことにした。その間に、生姜とライムとチリのソースを混ぜ合わせる。そしてお米を準備した。マイクはタイ料理に夢中だから、わが家にはなんと炊飯器があるのだ。そして味噌汁と、残り物の蒸したフェンネルが付け合わせだ。**なかなかどうして、本格的な和食を用意することができた**と思う。

「**日本人は一汁三菜の原則に従う場合が多い**」と森本正治は著書『*Mastering the Art of Japanese Home Cooking*（日本の家庭料理を学ぶ）』で言及している。わたしが読んだ日本食の本の中でわたしがもっとも気に入ったものの一冊だ。

一汁三菜とは、「ワンスープ、スリーディッシェズ（one soup and three dishes）」だそうだ。スープに追加する形で、そこに米が加わり、そしてタンパク質と野菜が添えられる。**ゴールは、味や栄養の豊かさ、食感、そして風味の点でバランスを取ることと。**日本の料理人は**料理の技術をミックスする術を本能的に知っている**ように思う。「揚げ物は蒸し物と、漬物は、凝った一皿と」

料理に没頭しはじめたそのとき、自分の食品棚がずいぶんと変化したことにわたしは気づいた。数種の醤油、みりん、米酢、ごま油、昆布、カツオ節、そしてごまが並んでいる。隠し味に味噌を使いだし、リゾットにもそっと混ぜ込むようになった。一味唐辛子がクセになった。わかめバター（241頁）も試しにつくってみた。

でも、まだ欠けていることがあった。

尾頭つきの魚は買ったものの、わたしは自分で魚を釣り上げてはいないのだ。やってみたい。だったらやってみればいいじゃない。

ゴー・フィッシュ――魚を釣りに

口にする生きものに近づくと、視点が変わることはよくある。もしかすると、これが理由で、生け簀から魚を選んで食べるというスタイルのレストランが東京にはあるのかもしれない。生け簀はニューヨークでも注目を浴びている。

わたしは、単身、アナマリア島に滞在することになった。そこはフロリダ西岸の防波島で、タンパからそう遠くはない。マイクはシアトルにいて、仕事で忙しい。わたしは、**とうとう釣りに行くときがきた**と決意した。

ホームセンターに出向き、釣り竿を買った。次に釣り餌《えさ》を売る店に行き、小さなエビを買った。これは父が釣り餌としてよく買っていたものだ。島にある桟橋に行こうと思ったが、考え直した。**愛犬のマディーとわたしは五ブロック歩いて、「わたしたちの波止場」に向かった。**「わたしたちの」という部分に説明がいるだろう。

わたしはミシガンの生まれだ。父はそこでゼネラルモーターズに勤務していた。わたしが八歳になったとき、両親がアナマリア島を訪れ、この美しい島に惚れ込み、ビーチから数ブロック離れた場所に、簡素な一軒家を購入することになった。ここで何が重要かというと、その家から道を隔てた場所にあった人工水路の終わりに、小さなマリーナがあったことだ。マリーナには波止場があった。「わたしたちの波止場」がそれだ。**釣りが大好きな父にとっては、それまでずっと抱いてきた夢のような環境だった。**父は玄関の前に小さなボートを置くことができたのだ。

家は二つの居住空間が連結されているメゾネットタイプの家だった。両親はその広いほうを賃貸に出して、住宅ローンを支払おうと計画していた。ベッドルームが一室の狭い空間のほうを自分たち用に使おうと思っていたらしい。当時、両親は四十代だったと思う。住宅ローンが支払い終わる二十年後には、定年退職し、ビーチ近くの家でのんびり暮らしていこうと考えていたに違いない。

大きな計画のほとんどがそうなるように、両親の思惑通りにことは進まなかった。父がメラノーマと診断されたのだ。主治医は、父はミシガンの厳しい冬を越えられないだろうと言った。わたしたちは大急ぎで引っ越した。父はその二年後に他界。**そのときわたしは十三歳だった。わずか、十三歳だ。**

兄も姉もわたしよりずっと年上だったから、母はそのままその家に住み続けると決めた。わたしは十八歳で家を離れて、大学に進学した。**母は再婚したけれど、島に、そしてその家に住み続けた。**わたしは頻繁に母を訪れていた。わたし自身は何度も引っ越しをし、さまざまな部屋を借りて自由に暮らしてきたのだけれど、三十五歳になって、ようやく自分の家を買うことを決意した。

子どもの頃に住んでいた母の家から、たった五ブロックほど先に、わたしも自分の家を買った。母の家にそっくりの、簡素なメゾネットタイプの家にした。両親と同じように、住宅ローンを払い終えた頃にはその家に完全に移り住んで、**母のすぐ側で暮らそう**と考えていたからだ。市から停泊所を借り受けた。母が借りていた場所のすぐ横だ。そうすることで、**父の大好きだった波止場を自分たちのもののように使うことができた。**

わたしとマイクが二人ではじめて日本に行った直後、母は自宅を売却することを決めた。再婚した夫が他界し、維持ができなくなったからだ。わたしは母のその気持ちがよく理解できた。マイクとわたしは**その懐かしい家を母から購入したい**と母に打診した。**だってそこはわたしの育った家だったのだから。**マイクとわたしが手付金を準備していたそのとき、母はなんの連絡もなく、その家を不動産会社に売却してしまった。わたしたちが提示した値段よりも、ずっと低い値段で。

わたしはとても傷ついた。

マディーは母の家まで散歩することが大好きだった。朝、母はマディーに目玉焼きを与え、わたしたちはコーヒーを飲んでおしゃべりするのが日課だったではないか。マディーはいまでも母の家まで散歩に行こうとするほどだ。母がその懐かしい家を売却した後に、マディーがわたしを引っ張っていこうとしたときには、こらえきれずに涙があふれてしまった。

何十年も母が手入れし続けたかわいい庭を、解体業者がめちゃくちゃに崩してしまったときには、**まるでわたしの魂が引き裂かれたように感じられた。**それ以降、わたしは母の家があった場所を避け続けていた。あの晩、すでに母のものではなくなったあの家から道を隔てた場所にある波止場で釣りをするときまでは。

父への想い

魚が釣れるのを待つ間、父と釣りをしていたときのことを思い出していた。カニを捕まえるためのカゴを十個も買って、浅瀬に仕掛けたあの日々のことを。

父はわたしを朝早くに起こすと、わたしをボートに乗せて、カゴを見に行くのだ。父は水に入ってカゴを確かめる。わたしは細い腕を一生懸命に伸ばして、その金属製の罠をボートに引き上げる。濡れたロープで手が汚れるとわたしが文句を言うと、「それで人間ができあがるんだよ」と父は言い、後になって手袋を買ってくれた。そんな思い出だ。

そこに座って、何かしら考えながら釣り糸を垂らしていたら、釣りを好きになる気持ちがわかってきた。**孤独だ。考える力だ。デバイスが集中力を奪う世界に生きているわたしが、ただ座って、自然の声を聞く。一時停止。**

築地市場近くの波除神社に行ったときのこと。場外でコーヒーを飲んだときのこと。孤独はわたしにすべてを思い出させてくれた。あの一瞬一瞬を思い起こすことで、わたしはいまこうして生きている幸運を感じずにはいられなかった。

わたしは、どうやらトロピカルな雰囲気を演出しているらしい、緑色に塗られてしまった、かつての母の家を見た。新しいオーナーは建築基準法を遵守しなかったらしい。赤い大きなタグが家につけられていた。作業を中断しなければならないという意味だ。工事が中途半端なままで止まったかつての母の家は、とても寂しそうに見えた。

わたしは母に腹が立って仕方がなかった。そんなことめったにないのに、どうしようもなく腹が立った。

わたしとマイクが、あの家を買いたいということは、何度も母には伝えてきた。自分たちの家を売ってまで、母の家を買おうとしていたのに。それは経済的にはまったく意味のないことではあったけれど、そうしたかった。わたしにとってはお金じゃなかった。**純粋に、父に対する気持ちだったのだ。父は五十という若さで他界し、わたしはいま、父が天に召された年齢に追いついている。**

わたしは泣きじゃくった。母への怒りを込めて、ひどく、声をあげて泣いた。島の波止場で、静かな夜に、人びとが話す声が通りから聞こえてくる、その場所で、人目を憚《はばか》らずにわんわん泣いた。

前を向く、そして進む

こんなに泣いてはだめ。それでもわたしは泣きながら、竿先を見ていた。**魚がかかったのは、わたしがちょうど袖で涙を拭っていたときだった。**

わたしはあわてて竿を両手で握り直した。竿の先がぐいっと曲がって、竿が水に引っ張り込まれそうになる。覚えのある引きが続いたあとに、わたしは素早く竿を引いた。水から顔を出したのは、**小さな魚だった。**

とても小さな、可愛らしいスズキだった。わたしは思わずため息をついた。がっかりだ。まだ育ちきっていないから、海に戻さなくてはいけないじゃないか。これを次に釣りたい大物の餌にする釣り人もいるほどだ。

小さなスズキは地元では「ピンフィッシュ」と呼ばれている。ひれが尖っているからだ。わたしは暴れまわる魚から注意深く釣り針を外すと、海に投げて戻した。そして小さなスズキが急いで泳ぎ去る姿を眺めた。

「そもそも、なんであたし、こんなところで魚釣りしてるわけ？」

わたしは大声で言った。

それからしばらく考えて、この波止場で価値のある魚なんか、いままでいちども釣り上げたことがないのだと気づいた。わたしは涙でぐちゃぐちゃになった顔を、もういちど、母のかつての家のほうに向けた。**もう怒りは……感じなかった。**宇和島屋の創業者である富士松について、娘のスワコが言ったことを思い出していた。スワコは富士松の長女だ。

ツールレイク強制収容所で数年暮らしたずっと後になって、「父は、『やらねばならぬことをやっただけ――ただ前に進んだだけだ』とわたしに言ったのです」と彼女は証言している。「**前を向き、決して振り返らない。わたしはいままで、父のその言葉を忘れたことはありません**」

わたしの**両親も、きっとわたしにそう言ってくれる**に違いない。前を向き、ただ進めばいいのだと。

わたしは石井さんが自分のいままでのことを話してくれた理由を考えていた。そこにずっとあるはずだった築地という場所を、彼はじっと見ていた。**築地には彼のいままでの歴史が詰まっていた。その大切な場所が、彼の手の届かない場所に行ってしまう。**その未来の場所に、彼がいるかどうかはわからない。

わたしは海面を見た。魚はすでにどこかに行ってしまって影も形もない。**人生とは、何を捕まえるかではなく、何を手放すか、ということなのかもしれない。**

第八幕

台所で魚料理を
——経験し、咀嚼し、トライする

喜び。料理のねらいはすべてそこである。
『辻静雄の日本料理』辻静雄

日本の読者との意見交換

「**肉よりも魚のほうが難しい**と思います」と、読者のミナはメールに書いていた。「魚は大好物でたくさん食べますし、これからも食べたいとは思っていますけど、魚の料理って手間がかかるんですよね。火加減の調整だとか、**すごく面倒**なんです。もっと簡単に料理できる方法があったら知りたいです」。彼女は魚の選びかたについても知りたいと書いていた。「特に魚の鮮度を見分けるのが難しくて」

東京からアメリカに戻って調査を重ね、わたしは魚の家庭料理のレシピを考えられないか、アイデアをまとめはじめた。日本の読者ミーティングで出会った二十名を超える読者たちに連絡を取った。

魚の下処理に自信があると答えた人はわずか数名。半数が三枚におろす方法を「だいたいは知っている」と回答した。

「わたしは切り身の魚しか買わないですね」とミドリは書いていた。

「頭がついたまるごとで買うのは秋刀魚ぐらいです。塩振って、そのまま焼いたらおろす必要なんてないもん！」

ミドリは三枚におろす方法を以前は知ってはいたが、いまはすっかり忘れたそうだ。「ずっと昔に習ったものだから。忘れてしまった」

料理中に感じる**魚臭さと、魚を切って形を整えていく作業に不安を感じる読者が多かった**。読者のチヒロがそうだった。

「だってアパートのキッチンがすごく狭いし！」

三分の一の読者が、魚をまるごと買うことに「躊躇《ちゅうちょ》してしまう」と答えていた。どうやって処理したらいいかわからない魚にお金を使いたくないという心理だ。それはわたしにもよくわかる。味のいい新鮮な魚は高価なものだし。

とある読者が解決策となりうる意見を寄せてくれた。

「わたしはよく魚を食べますけど、料理はしないですよ。魚が食べたくなったらレストランに行けばいいんだし、切り身をスーパーで買ってもいいんだしね」

これは本書のプロローグとまったく同じ状況だと言える。シアトルのアマゾン本社のテストキッチンで出会ったリンダだ。

何種類もの魚介類を調べてはみたが、ここでは魚だけに焦点を絞ることにした。イカやエビ、貝類やウニなど、海産物すべてを対象とすると、あまりにも範囲が広すぎると感じられたからだ。

日本で学んだことと、いままでの経験、帰国後のリサーチと実践から、日常生活で無理せず使えそうな、さまざまな種類の魚に適用できるいくつかのアイデアをシェアしたい。

魚を買うコツ

魚について学ぼうと思ったら、なじみの魚屋をつくるか、信頼できる市場を見つけることだ。そこで働く人たちに質問をくり返せば、多くを学ぶことができる。レシピに出てくる魚が手に入らないときも、そのときの旬でない場合もある。そんなとき、プロがどれを選べばよいか教えてくれる。

築地市場で魚がどう扱われているか考えてみれば、魚屋さんに行ってみる価値はあるのではないかとわたしは思う。スーパーに行って買うのはもちろん日常に根差しているけれど、**視点を変えてみれば楽しさが見えてくる**かもしれない。結局のところ、いい店にはいい魚がある。そういうことなのだ。

新鮮さを見分けるときは、視覚、嗅覚、触覚を研ぎ澄ます。

視覚： 見てみる。ミスター27グラムの言葉を思い出してみよう。「うろこのない魚は新鮮ではない」

秋刀魚のように水揚げされるときにうろこが剥がれてしまう魚や、もともとうろこのない深海魚もいる。しかし、一般的な話をする。新鮮な尾頭つきの魚はキラキラとしていて、**うろこが付いていて、目が透き通っていて、えらが赤い。**目はすこしぷくりと膨らんでいる。目が曇っているときには鮮度が疑われる。新鮮な切り身は艶があって、しっとりとして見えるはず。

嗅覚： においてみる。**新鮮な魚はにおいが強くない**はずだ。スーパーであっても、氷に漬けられたまるごとの魚や切り身のにおいなら確認できる。魚のにおいは海のにおいだ。もし他のにおいがしたとしたら……他を探しましょう。

触覚： 触ってみる。魚を軽く指で押してみましょう（傷めないようにあくまで軽く）。**身がしっかりとして指が跳ね返るようであれば新鮮**だ。パック入りの切り身を購入する場合も、こうして軽く触って感触を確かめることは有効な手段だ。「魚は内臓から傷みはじめる。内臓はもっとも早く柔らかくなり、そして腐る場所だ」と、『*Japanese Cooking: A Simple Art*（辻静雄の日本料理）』で辻静雄は書いている。「腹が硬く、弾力のある魚は新鮮だ」

魚を保存する

尾頭つきの魚： **さっと冷水で洗い流し、ペーパータオルで水気を拭き、ふわっとラップで包んで冷蔵庫に寝かす。**わたしは料理用のペーパーを使うほうがいいと思う。ガーゼで包んで皿の上に置いてもいい。二十四時間以内に調理する。

切り身： **切り身は洗ってはいけない。**店で買ったままの状態で必要なときまでしっかり冷蔵庫に入れておくこと。一晩を超えて保冷する場合は氷を載せるなど考えてもいいが、水に漬けないようにすること。

冷凍の魚：　遠海で獲れた魚はその場で冷凍される場合が多い。そうすることで魚の細胞が若干ダメージを受けるものの、冷凍されると新鮮なまま保たれるので良い方法と言える。

考えなければいけないことが数点ある。冷凍品が再結晶化（貯蔵温度が高くなることで食品内の氷の結晶粒がくっつき、大きくなること）した場合、**冷凍焼け**が起きてしまう。これは冷凍庫の中で長い時間保存された場合に起きることで、これが原因で食品が水分を失って、酸化してしまうのだ。**冷凍庫内で酸化した魚は灰色、または白くなる。**ただし、酸化したからといって食べることができないわけではない。水分を失っているから、味気ないかもしれないけれど。

解凍の際には、**冷蔵庫内でゆっくりと寝かせて解凍するのがベスト。**寝る前に冷凍庫から出して冷蔵庫に移すことで、翌日の夕食になる。あるいは、パックされた状態の冷凍された魚を水を張ったボウルに入れてもいい。

もし魚がたくさん残ってしまったら？　フィッシュパテ（242頁）をつくってみない？

魚のにおいは手ごわい？

魚を料理したくない原因としてにおいの問題は大きい。しかし、魚がにおうのは避けられない。**少しは快適に料理できるように工夫するしかない。**こんなアイデアはどうだろう？

- **窓を開ける：**　狭いキッチンだと難しいけれど……風が通り抜けるようにするとにおいは流れていく。
- **コーヒーを淹れる：**　カフェインは刺激剤であり、窒素を含んでいるため、空気中のにおいを吸収するそうだ。それに、**コーヒーは良いにおいがするしね。**

ガス台の近くに酢を置く：　ボウルに入れた**酢を調理台に載せておくと、魚のにおいは吸収される。**一晩置いておくと、驚くべき効果！

レモンを使う：　**鍋にお湯をわかし、スライスレモンを一枚**入れ、冷ます。その水を使って鍋を拭いたりすると効果的。

においが手についたときは、ミスター27グラムが言っていたように、**ステンレスのものを触る**と消える。ステンレスがなかったら、レモンを一切れ使ってみましょう。

道具ににおいが移ってしまったら、石けんと水でまずは洗い流し、**重曹とレモン汁と水と塩を少し混ぜたものを塗りつけて、しばらく置く。**最後に水できれいに流す。

煮る

日本料理の基本は五つだそうだ。煮物、揚げ物、蒸し物、生もの、焼き物である。それぞれのアイデアを見ていこう。

しっかりとした**浅めのフライパンがあれば魚を煮ることはできる**。フタ、あるいは落とし蓋を使って魚を煮汁に浸しておくことで、調理が進む。フタがない場合は、クッキングペーパーをフライパンの形に切って、真ん中に穴を開ければ代用できる。

「煮物をするときに覚えておかなければならないことは一つだ。煮汁の味付けである。薄くしていくのがよい」とは辻静雄の言葉だ。「**魚がより新鮮で繊細であればそれだけ、素材自体の風味を損なわないような、味を引き出す努力をしたい**ものだ」

シンプルなだしを使った煮物から、さまざまな調味料を合わせた合わせ調味料（酒、みりん、醤油、砂糖、塩）を使った煮物まで幅広くあるが、当然、だしが重要なポイントである。

日常の料理でインスタントを使って文句を言う人なんて無視すればよい。

しかし、煮物にはだしが決め手だと思う人は、つくってみるのだって一つのチャレンジだ。人生何が起きるかわからないって、わたしの人生を見ていて思うでしょ？ミスター27グラムのだしの取りかた（49頁）が掲載されていますから参照してくださいね。

さて、煮かたである。

新鮮な**白身魚は短時間で真ん中までしっかりと火を通して調理する**のがいい。だしの味付けは薄めが美味しい。お皿に盛り付けたら、フライパンに残った煮汁を少しスプーンで回しかけて熱々を食べよう。

脂分の多い魚は、さっと煮付けるというよりは、じっくりと煮込んだほうがいいようだ。中火で、味付けは強めにして、中までしっかりと火を通す。日本酒、生姜、あるいは酢を使うと魚の強めのにおいが感じられなくなる。

蒸す

伝統的な日本の蒸し器は陶製か金属製らしいけれど、せいろや炊飯器だって使えるのだ。せいろに直接魚を載せるときは、まず、クッキングシートを敷いたほうがよいだろう。蒸す前に味付けを加えても、蒸発してしまうようなので、まずはそのまま蒸し器に入れ、シンプルなソースを加えてみよう。蒸している間にハーブや塩を加えてもよし。蒸しながら、さまざまな味をレイヤーのように重ねても面白い。

蒸し器がないですって? 大丈夫。**深めの鍋があればそれで完璧。**小さなカップを底に伏せて置いて、その上にお皿と食材を載せて蒸すことだってできる。水が沸騰するとカップがガタガタと揺れてしまう場合があるので、火加減には少し注意が必要。

フライパンで焼く

日米合わせて三百種類ほどの魚料理を調べたけれど、驚くほど多くのレシピでフライパンでの揚げ物を紹介していた。揚げ物とは通常、食材を熱した油で揚げるということで、味付けに関してはあまり多くが決められていない。理由はわからないが、**世界中で魚はなぜか勢いよく揚げられている**様子だ。

とはいえ、アマゾン本社のテストキッチンでリンダが困惑していたように、フライパンでの魚料理には潜在的にいくつかの落とし穴が存在している。フライパンにくっついたり、ひっくり返したらバラバラになったり、中心部が生のままだったり、煮すぎてカチカチになったり、そういったことだ。

わたしはこの問題をなんとかしたいと、アメリカで有名な家庭料理の科学者、J・ケンジ・ロペス＝アルトに教えを請うことにした。

すべての**フライパンによる魚料理は不運の三位一体によって悲劇となる**可能性があるとケンジは警告している。

解決のための**ヒントの一つは、フレンチのシェフが言う「片側だけの料理」**だ。魚の片面だけで料理する方法をこう呼ぶ。

熱したフライパンに皮を下にして魚を置いて、化学反応が起き、そこで皮の中のタンパク質の凝固が起きてカリカリッとしてくる。「この反応が起きることで、皮の表面が金属との間に強固な分子結合を形成することなく、ひっくり返しやすくなる」と、ケンジは書いている。

この際、脂の多い魚を調理する場合、まずは完全に水分を取ること。脂が多すぎる場合は軽く塩をして、ペーパータオルで拭き取ること。次にフライパンに少し油を引いて、熱する。少し待つと、油が熱されて薄い煙があがってくる。

魚の切り身を完璧に調理しようとするなら、三つのことが同時に起きなくてはいけないとケンジ・ロペスは書いている。「**脂肪を除去する必要があり、水は蒸発せねば**

ならず、そしてタンパク質は固まらなければならない」、だそうだ。つまり、強火で調理すればあっという間に水分は蒸発する。だから、まずは皮目から、熱した油でジュジュッと焼くとよいのだ。

皮目を下にして魚を焼いたら、スパチュラでぎゅっと押さえる。水分が蒸発し、タンパク質が固まりはじめた魚は、結構な割合で身が反り返ってしまう。それは普通に起きることではあるのだけれど、そのままにしていればブリッジしたような魚が焼き上がるということになるので、**スパチュラで少しだけ押さえてやって、形を整えよう**ということだ。一分、ないし、二分でいいだろう。「そうすれば切り身の形が整えられて、平均的に火が通るだろう」とケンジ・ロペスも書いている。

そして火を中火に落として、ひっくり返してもいいぐらいになるまで焼いてみる。「魚の調理で僕が学んだことが一つある。**魚は絶対に無理矢理返してはいけない。万が一にも、一カ所でもフライパンにくっついている部分があるのなら、その魚はまだ準備ができていない。絶対にひっくり返してはいけない。皮が完璧に脂肪分から解放されたとき、フライパンの上で魚は自由に動き回るはずなのだ**」。そして、ほんの一瞬のキスのように、ひっくり返した魚の身を二分ほど焼き付けたら、それで完了というわけだ。

実は**わたしがル・コルドン・ブルーで習った焼きかたはこの逆**である。ル・コルドン・ブルーでは、魚はまずは身から焼き、そして最後に皮を焼けと教えられる。わたしはル・コルドン・ブルーのやりかたもケンジのやりかたも試してみたけれど、わたしとしてはケンジのやりかたに軍配を上げたい。どちらが正解だとか、どちらが間違っているという話ではない。どちらも正解。お好きなほうで。

最後に、魚が完璧に調理されているのか、ちゃんと火が通っているのか知りたい場合は、**温度計があると完璧**だろう。もちろん、魚を触ったり見たりすることでも確認できるけれど、温度計より信用できるものはあまりない。ちなみに、**魚は中心部が六十度ぐらいであれば調理完了**と言える。その温度は、手や目で見て「火が通っている」と思う状態よりも低いことが多い。

グリルで焼く

クンペイの台所で見てからというもの、わたしはしっかりとした魚用ロースターが欲しくてたまらなくなった。結局、象印マホービンの魚グリルを二台購入してしまった。ビルトインタイプと上部にフタの付いたものと二種類だ。

インドア用の**魚グリルの発明は画期的**だったとしか言えない。塩を軽く振っただけのサバの丸焼きは、素晴らしくパリパリに、香り高く焼き上がった。軽くマリネした切り身魚は、素朴でしっかりとした味を残したまま、皿の上で美しく横たわった。

切り身を焼くときは、皮目に少し切れ目を入れておけば、身が反り返ることがない。魚をまるごと焼くときは、皮に少しだけ穴を開けておけば、縮んだり、膨らんでしまったりすることがない。焦げてしまわないように、尾やひれに強めに塩をしておくこと。

何匹も魚を焼いてみて、わかったことがある。

まずは魚グリルを温めることだ。温まっていない状態のグリルと温まった状態のグリルで同じメニューを調理すると、違いが出る。温まっていないグリルで焼きはじめて皮目がカリカリした状態では、中まで火が通っていない。これは失敗してみなければわからないことだ。しかし、**温度計があると、焼け具合はわかる。**魚の身に突き刺してみるだけでいい。

魚の中心部が五十八度から六十度のあたりになったら、火から下ろしていいだろう。そのまま置いておけば火は通り続ける。ちなみにこれは英語で「carryover cooking（余熱料理）」と言われている。

魚の真ん中部分の温度については、薄い魚のフィレや小ぶりの魚の料理ではあまり気にしなくていい。

ミスター27グラムと一緒に学んだ結果、魚を串に刺してから焼くという方法は、焼くという意味合いのうえに**芸術的側面がある**と気づいた。わたしが言いたいのは、**正解を追い求めなくてもいい**ということだ。焼ければいいじゃない。見た目が美しかったら、それはボーナスとして喜びましょう。

また、魚グリルのなかで、**アルミホイルに包んだ魚を焼くのも一つの方法**だ。

これはフランス語で言うところの、「en papillote（パピヨット）」、つまり、包み焼きだ。わたしはこの調理法が大好きで、なぜかというと事前にホイルに包んで用意できることと、洗い物が少なくて済むということだ。すべての魚がホイル焼きで調理できる。

伝統的なフランス料理で大きなトラウトをバターとハーブで包み焼きにするものがある。切り身でも同じようにできる。時間の短縮だ。

揚げる

アメリカでは家庭で揚げ物をすることは少ない。

サンクスギビング（感謝祭）として知られるアメリカの奇妙な休暇で、父親たちが七面鳥をまるごと揚げようとしたときに起きた事件が有名だ。熱された油、まるごとの七面鳥、腹いっぱいのビールがそろえば何が起きるかおわかりだろう。ニュース番組が忙しいことになる。

アメリカ国内にある日本食レストランでは天ぷらが提供されるが、東京で天ぷらを体験するまで、それがどれだけ素晴らしい技術の集合体であるかということがわたしには理解できていなかった。

天ぷらを揚げるにはいくつかキーポイントがあるようだ。まず、**材料はしっかりと水気を切ること。そして、衣がきりっと冷えていること。**完全に混ぜてしまいたいところだけれど、**粉と水はアバウトに混ぜておかなければならない。**いつものように思いっきり混ぜてしまっては、鎧を着た天ぷらができあがってしまう。

生もの

ずっとずっと昔、三十代の頃、フェンシングに熱中していたことがある。ロンドンでは週に何度も練習に通っていたものだった。

ある日先生に、「どれぐらい通ったらフェンシングをマスターできるかしら?」と聞いてみた。先生はわたしの無邪気な質問に笑ってこう言った。

「だれも教えてくれなかったのか? フェンシングをマスターしようとしたら、人生二回分ぐらいの時間がかかるって」

わたしにとって寿司とはフェンシングと同じだ。はっきり書いてしまうと、わたしが寿司をマスターできる日は来ない。でも、**テクニックを完全に習得しなくても、食べる自由は誰にでもある**のがいいところだ。

わたしの心に残るのは、ミスター27グラムの優れた技による寿司でもあり、そしてクンペイがつくってくれた家庭の寿司でもある。家庭の寿司は職人の寿司のように完璧ではない。でも、すごくおいしかったよ、クンペイ！

この本には魚と寿司との出会いをたくさん書いてきた。**そこでわたしがみなさんに言いたいこと。それは、恐れないでということ。間違ったってだれも怒らない。**家でお寿司を握っても大丈夫。**わたしだって寿司マスターには絶対になれないけれど、これからシアトルでたくさん寿司を握ろうと思っているんだから。**

タレとソースで

本書にレシピをまとめようとしたときにわたしが気をつけたのは、日本の伝統的な料理方法だった。でも、シンプルな焼き物、蒸し物、煮物には特別な味付けがあってもいいと思えた。

日本古来の調理法に触発されてわたしが導き出した、魚の味を引き出すためのヒントが以下である。

ビネグレット： 日本食で使われる**タレは多くの場合、ビネグレットのバリエーションであると**思う。西洋のビネグレットの基本割合は油が三で、酢が一だ。日本食にはこの割合だと少しヘビーかもしれないので、油を少なめにして調合することからはじめてみてほしい。自分の好みの分量を確かめてみて。

基本のビネグレットはテーブルスプーン二杯のオリーブオイルと一杯の酢、そして塩胡椒だ。これらを小さな瓶に入れて、振って混ぜる。それだけ。

この基本を覚えたら、何にでも応用できる。魚をマリネして焼いてもいいし、蒸し野菜にかけてもいい。

フィニッシュのバター： フレンチではブール・コンポーゼとして知られる手法

だ。**塩分無添加のバターとハーブと調味料をブレンド**したもののことで、その種類はそれこそ、つくる人の数だけあると言っていい。

かの有名なオーギュスト・エスコフィエが一九〇三年に四十種類近いバリエーションを発表した。アンチョビバターもそれだし、パセリが練り込まれたメートルドテルバターなどもそう。なんとなく高級なイメージだけれど、この**バターをスライスして焼いた魚の上に載せる以上に簡単で魚を美味しくする方法をわたしは想像できない**ぐらいだ。

このような手づくりのバターは（とはいえ混ぜるだけだけれど）、きっちりとラップに包んで冷蔵すれば数週間は使える。冷凍庫に入れておけば数カ月はもつ。わたしはいつも三種ぐらいはつくり置きしてある。巻末の「こわくないサカナ・レシピ」につくりかたは掲載してある（240頁）。わたしのつくりかたをスタート地点にして、あなたのオリジナルをつくってみてほしい。

◆フライパンに残ったソース：　フライパンで魚を焼き終わったあとに残るもの、フレンチではこれを「フォンド」と呼ぶ。**熱いフライパンに冷たい水を入れると、そのフォンドが浮き上がってくる。**これを「ディグレージング」と呼ぶ。

フランス料理では、白ワインとバターと刻んだエシャロットをそこに入れればできあがり。これでソースはバッチリなのだ。これはバリエーションが無限にあるテクニックと言える。

盛りつけ、そして食べる

料理を考えるとき、わたしたちはその行為がキッチン内で完結すると思いがちだ。でも、わたしは読者にこの行為をテーブルにまで広げてほしいと願っている。これはわたしがいまから書こうとする「ザ・ファイブ」というコンセプトに繋がるものだ。多くの日本人は本能的にこれを知っているそうだが、わたしにとっては未知なるものもあった。

五つの色： 伝統的な日本料理では、あらゆる料理に五つの基本的な色合いを加えることで進化したとされる。それは**白、赤、青（緑）、黄、黒であるという**。この伝統は仏教の到来とともに根付いたものとされる。

アメリカでは、国立がん研究所が一九八八年に「健康増進のための五色」というイニシアチブを打ち出して、この色の食物の摂取をうながしたという経緯がある。アメリカでは多くの人が、ベージュ色や茶色い食べ物をたくさん食べていることから、想像していただけると思う。

手間ではあるけれど、食卓をさまざまな色で華やかにするのは悪いことではない。シンプルな焼き魚に米を添えたら、それで満足な場合があることはよくわかる。でもそこに焼き海苔を少し、それからニンジンのピクルスとか、ビネグレットで和えたチンゲン菜があったらどうだろう。それだけで栄養価はぐんと上がってくれる。

五感：　味とにおいは食べることにとっては重要な要素だけれど、**目を楽しませる美しい飾り付け**も和食には重要な要素であると思う。

石井さんは築地の食器を売る店で「見た目に美しいことはとっても大切なんですよ」とわたしに教えてくれた。「**よく考え抜かれた器で料理を出すということは、その方への、そして食べ物への敬意を示すこと**なんです」と言ってくれたのだ。そして、彼はこう付け加えた。「石井流の日本料理の勝利のポイントの順番は①視覚（見栄えの良さ）、②味覚（味の良さ）、③栄養（食べて元気になれる）、④コダワリ、⑤便利さ、⑥価格（相応しい商品単価）、です」と。

さらには**音も重要な要素**だと言えないだろうか。

ジュウジュウという焼き鳥の音だとか、高級料理店での静かな会話だとか、海辺の静かな風に揺れる木々の葉のこすれる音だとか。そんなものすべてが、食に含まれるとわたしは思うのだ。

シンプルに焼いた魚とお茶碗一杯のごはんでも、食べるまえに、静かに座って、心落ち着けることも大切なのかもしれない。大家族で、小さな子どもがいる家で、そんな余裕はないわよと言う人もいるかもしれない。でも、ぜひ挑戦してみてほしい。スマートフォンの電源を切って。テレビを消して。

わたしが**東京からわが家に持ち帰ったものの一つに、「ひと呼吸」がある。**ひと呼吸置いて、内省するのだ。

築地市場の静かな喫茶店で飲んだ一杯のコーヒー、新宿にある神社の張りつめたような静寂。そんなものを体験し、**立ち止まることの価値を学んだ。**

アメリカでは、食事の前に祈る人たちがいる。わたしはまったくそれをやらない人間だ。それでも、いまとなっては、わたしは自分のつくった料理を、お気に入りの皿に、心を込めて盛り付ける工夫をする。**一瞬動きを止めて、食べ物に感謝する。こんなにも混沌とした世界で、こうして食べることができる幸せを、生きることができる幸運を感謝する。**わたしは静かに座って、すべてを受け入れ、そして自分のものとして取り込むのだ。

エピローグ

魚がこわい？――流れるままに愉しみ生きる

人生って川のようなものだ。ときには緩やかに流れ、あるいは流れを急激に増しながら、わたしを考えもつかなかった場所に運んでくれる。

フロリダのショッピングモールで寿司を食べてから、有名なミスター27グラムのいる東京すしアカデミーでレッスンを受け、そして築地市場で閉場直前のマグロの競りを目撃するという場所まで辿りついた。

いや、もしかしたらもっと前まで遡らなければならない。この旅は、わたしが七歳のとき、父がはじめて釣り竿を渡してくれた、あの日に遡る。子どもだったわたしは、釣りに行くことはただの日課だと思っていた。父は突然いなくなり、そしていまのわたしは父と過ごした一瞬一瞬を、まるで宝石のように思い出している。

マイクの人生のルールがわたしに大きな影響を与えているのは、これが理由かもしれない。マイクはいつも、「**普通のなかに、普通でないものを見つけるのが人生だ**」

とわたしに言う。この言葉はわたしのなかに深く根付いている。作家として、そして人間として、**人生の一瞬一瞬を、ひとつ残らず胸に刻みながら生きていけ**と言われているような気がするのだ。

もうすでに売られてしまった母の家近くの波止場で釣りをしたあの夜、わたしはマディーを連れて自分の家に戻った。暗闇のなか、マディーはわたしを家までしっかりと導いてくれた。おばあちゃんの家からわたしの家までの道は、わたしがいちばんよく知っているのよと言わんばかりだった。わたしはふと心が軽くなるのを感じた。

あの家はもうわたしたちのものではない。

わたしは日本に行き、さまざまな経験をした。**わたしはもう、昔のわたしではない。**

夜中の三時、日本の翻訳家から突然届いたメールですべてがはじまった。あのとき、わたしの目の前に新しい世界が開けたのだ。いまとなっては、五千マイルも離れた国に、たくさんの友達がいる。多くの家庭料理人とわたしはつながることができている。わたしの食品棚には七種類の醤油があって、日本製の魚グリルが二台も狭いキッチンに鎮座している。わたしの挑戦ははじまったばかりだ。

マイクとわたしでアンソニー・ボーディンの最後のトークショーを見に行ったときのことだ。聴衆の一人が彼に、どの国の料理がいちばん美味しかったか尋ねた。彼は「うーん、そうだね……どこだろう。難しい質問だよ。いままで八十カ国は旅してきているから……」と話しはじめた。そしてしばらく考えて、唐突に言ったのだ。
「日本だ。間違いなく日本だね」

アンソニーはいつも、お気に入りの国は日本だと言っていた。「シェフはみんな日本に行きたがるんだ」と番組内で発言もしていた。「きっと、日本料理がなんたるかを理解しようと、一生懸命なんだろう」

わたしにはその意味がよくわからなかった。しかし、いま、彼の日本に関する番組を見れば見るほど、わたしは、住んだこともない国、日本が恋しくてたまらなくなるのだ。

わたしはフランスを愛している。でも、**日本ほど、わたしに食との関係を改めて問いただした国はこの世界にはない。**

家庭料理人のあなたは、素晴らしい日本の食文化の担い手の一人だ。わたしが日本でそうしたように、あなたも料理を恐れず、受け止めてみて。

誰だって完璧な人になりたい。
でも、完璧じゃないわたしたちだって、そのままでいいはずなのだ。
料理に、人生に、勇敢であれ。

・・・謝　辞・・・

苅谷真木子

みやはらみかこ

國江木綿子

田中瑛美

吉本花子

河合希絵

石井久夫

村上文将

小森美穂

伊藤薫平

テオドル・ベスター

エイミー・ゴールディン

築地市場・豊洲市場の皆さま

読者ミーティングでお会いした皆さま

両親とマディー

そして、わが夫マイク

ホイル包み焼き

Foil-wrapped Fish

このレシピはル・コルドン・ブルーで習得した

数多くの素晴らしいレシピのうちの一つ。

マス用に考案されたものだが、

サバやサケなどにも応用できる。

もちろん、切り身でつくればいい。

ホイル焼きの素晴らしいところは、

事前にすべて準備を整えられ、冷蔵庫に入れておいて、

食べる直前にオーブンや魚グリルに

滑り込ませればいいという気楽さにある。

鶏もも肉、胸肉、豚や牛肉の薄切りでも応用可能。

たっぷりの野菜と合わせて、楽しんでみて。

【材料（２人分）】

レモン … １個

バター … 大さじ１

オリーブオイル … 適量

ニジマス、サケ、白身の魚など … ２切れ（切り身でよい） ※鶏肉、豚肉、牛肉でも可

塩（海塩、コーシャーソルト、その他お好きな塩）… 適量

コショウ（これもお好みで黒コショウなどでもいい）… 適量

ハーブ類（ディル、タラゴン、タイム、ローズマリーなど）
…片手に載るぐらいの量をたっぷりと

刻んだハーブ…大さじ２（これは飾りとして使う）

【つくりかた】

1. トースター、あるいは魚グリルを温める。オーブンであれば230度に温める。レモンを半分に切る。その半分を輪切りにし、残り半分をタテ２等分に切っておく。バターは小さなキューブ状に切る。

2. アルミホイルを２枚用意する（上手に包めるように、たっぷり使うこと）。アルミホイルに塩コショウする。そこに、バターとハーブを散らし、切り身を載せ、そして輪切りのレモンをいちばん上に置く。オリーブオイルをさっと一回し。ホイルを畳んで魚をしっかりと包み込む。両端もきっちりと折りましょう。熱すること10分。包みを一つ開けて中をチェック。湯気でやけどしないように気をつけて。火が通っていたら、フォークで押すと身が簡単にほろっと崩れるはず（あるいは、温度計を使ってもいいですね）。火が通っていないようなら、追加で５分ほど焼く。

3. お皿の上にホイルごと載せてサーブします。ホイルを開いて刻んだハーブと残りのレモンを搾ったレモン汁を加えて、あっという間にできあがり。アルミホイルから食べることが好きではない場合は、慎重に魚を皿の上に移動して、ホイルに残ったスープを忘れずに回しかけましょう。味が足りないようなら、自由に塩コショウしましょう。バター多めが好きな人は、さらにバターを加えてもいいですよ。そのバターですが、実は、素晴らしいレシピがあるのです。ご紹介します。（240頁）

ブール・コンポーゼ（合わせバター）

Beurre composé

オーギュスト・エスコフィエのオリジナルレシピから紹介。
材料をフードプロセッサーで混ぜ、
ラップあるいはクッキングペーパーで巻いて
スティック状にして、冷蔵、あるいは冷凍する。
フードプロセッサーがない場合は、ボウルを使ってもOK。
焼いた魚の上にスライスして載せると、
風味がぐんと増すのです。簡単だけど、重要なひと手間。
これで料理が夢のように美味しくなります。

【ガーリックとパセリバター】

無塩バター … 115グラムぐらい（室温でやわらかくしておく）
生パセリ … 10グラム
レモン汁 … 大さじ1
レモンの皮 … 小さじ2
にんにく … 2片（みじん切り）
コーシャーソルトとコショウ … 適量

フランスパンにたっぷり塗って、
焼けばやみつきになるガーリックトーストのできあがり。

【ケーパーとアンチョビのバター】

無塩バター … 115グラムぐらい(室温でやわらかくしておく)

レモン汁 … 小さじ2

アンチョビフィレ … 8枚(油を拭き取り、みじん切りにしてペースト状にしておく)

ケーパー … 小さじ1　**粗塩** … 小さじ1/2

【わかめバター】

無塩バター … 115グラムぐらい(室温でやわらかくしておく)

乾燥わかめ … 大さじ1(細かく刻んでおく)

【オレンジジンジャーのバター】

無塩バター … 115グラムぐらい(室温でやわらかくしておく)

オレンジジュース … 大さじ2

オレンジの皮 … 小さじ2

生姜 … 小さじ2(みじん切り)

ニンニク … 一片(みじん切り)

コーシャーソルト … 小さじ1

黒コショウ … 適量

爽やかな香りがしてきそうな、暖かい季節にぴったりなバター。魚だけではなく、鶏もも肉のソテーなどにも応用できそう!

【スモークドパプリカとコリアンダーのバター】

無塩バター … 115グラムぐらい(室温でやわらかくしておく)

焼いたパプリカ … 大さじ1(みじん切り)

コリアンダー … 大さじ2(みじん切り)

コーシャーソルト … 小さじ1

黒コショウ … 適量

生ハーブをあしらったフィッシュパテ

Fragrant fish patties with fresh herbs

わが家ではサーモンが人気の食材なので、
残り物を活用できるサーモンのレシピを考えてみた。
このレシピは、何年も前にモナコで食べた、
プロヴァンス・スタイルの
クラブケーキをベースにしている。
サーモンが基本の材料なので、
その他の淡泊な味の魚に応用できる。
シンプルな合わせバターや
ビネグレットがよく合う。

【材料】

サーモン、または白身魚 … 250グラム(切り身、皮なし)

刻みタマネギ … 1/3カップ　卵 … 1個

パン粉 … 1と1/2カップ

生パセリ … 1/2カップ(刻んだもの)

生姜 … 大さじ2(刻んだもの)　レモン汁 … 大さじ1

マスタード、またはわさび … 小さじ1/2

塩 … 小さじ1/2

黒コショウ … 適量　オリーブオイル(スプレータイプ) … 適量

刻んだハーブ:大さじ2(これは飾りとして使う)

【つくりかた】

1. 切り身の魚は日本酒と水(ともに分量外)を入れたフライパンで10分ほど蒸しておく。そのまま冷まして、フードプロセッサーにかける。魚グリル、トースターを温めておく。オーブンを使用する場合、200度で予熱すること。

2. 魚を大きなボウルに入れ、指でほぐして骨がないか注意する。卵、刻みタマネギ、パン粉の半量、生パセリ、生姜、レモン汁、マスタード(わさび)、塩とコショウを入れて、混ぜ合わせる。残りのパン粉をバットに入れる。

3. 魚グリルやトースターならアルミホイル、オーブンならオーブンシートにオリーブオイルをスプレーする(スプレーがなければ、薄く塗る)。2のタネをハンバーグ型に丸める(4個から6個)。バットのパン粉を両面に付けて、シートに載せる。

4. 魚グリルで8分から10分、オーブンやトースターの場合、5分ほど焼いて様子を見て、きれいな焼き色を付ける。オーブンシートから注意深く皿まで移動させて、サーブする。仕上げに合わせバターか、ビネグレットで味を付け、刻んだハーブを飾りに。

訳者あとがき

キャスリーンの涙

著者キャスリーン・フリンと夫のマイクと待ち合わせをしたのは、読者ミーティングが開催された目黒セントラルスクエア内のスターバックスコーヒーだった。二人が私を見つけやすいように、私は窓際の席を選んで座っていた。五分ほど経過した頃だろうか、ひときわ背の高い、恰幅《かっぷく》の良いマイクの姿が見えた。マイクの少し後ろをキャスリーンが歩いていたが、気が急いているのか、それとも小柄な彼女が歩幅の広いマイクについて行くのに苦労しているのか、ほとんど走っているように早足だった。その上とても緊張している表情で、口元をきゅっと結び、いつもの明るい笑顔はどこかに消えていた。店の入り口近くになって、キャスリーンはよりいっそう緊張したように見えた。緊張どころか、彼女は今にも泣き出しそうな表情をしていたのだ。大きな両目に溢れんばかりに涙をためて、焦りながら店内に入って来る様子は私のいる場所からもよく見えていた。いつの間にか彼女はマイクを追い抜き、勢いよく自動ドアから店内に入ってきた。

まさか私が、入り口すぐそばの目立つ場所に座っているとは思っていなかったようだ。何度も私とやりとりを重ねてきたキャスリーンは、私が店内の一番目立たない場所を選んで、隠れるように座っているに違いないと確信していたのだそうだ（後日、そう教えてくれた）。私は彼女を驚かすことがないように注意しながら、静かにキャスリーンに声をかけた。キャスリーンは、はっと息を呑んで私を見て、そして、たぶん、泣かないように必死に堪えていた。

キャスリーンは、「元気そうじゃない」と言い、そして、私の肩に手を置いた。普段の彼女だったら勢いよく抱きついてきそうなものだけれど、このときの彼女はまるで腫れものにでも触るかのように私に接した。数日前から日本に滞在していた二人は、私がしばらく体調を崩していたことを編集者から伝え聞いていたのだろう。「大丈夫。もう元気だから」と私が答えると、今度はマイクが「安心したよ」とひと言だけ言って、注文カウンターまでコーヒーを買いに行ってしまった。キャスリーンは私から顔を背けながら目尻をぬぐい、そして、「私も注文するわ。あなた、何が欲しい？　私が買ってくるから」と努めて明るく言い、マイクを追いかけてカウンターまで足早に歩いて行った。その後、それぞれ手にしたコーヒーを飲みながら、私たちは何ごともなかったかのように大笑いし、近況を報告しあった。キャスリーンが今回の来日で泣いたのは、この日だけではなかった。この後も、何度涙を流したかわからない。キャスリーンとは、そんな人だ。

前作『ダメ女たちの人生を変えた奇跡の料理教室』で料理を苦手とする女性たちの心を解きほぐしたキャスリーンは、今回の来日では自らが生徒となり、様々な経験を重ねた。大好きな日本と和食への彼女の熱い思いが、ぎっしりと詰まった本書を訳す機会を得た幸運に感謝している。彼女を料理人として、ジャーナリストとして、そして一人の生徒として温かく迎え入れてくれたみなさん、彼女にインスピレーションを与え続けてくれた読者のみなさんに心から感謝したい。そして、キャスリーンという類い稀な料理家の「人生に、勇敢であれ」というメッセージが、多くの人に伝わることを願っている。

村井理子

著 者
キャスリーン・フリン
Kathleen Flinn

作家／ジャーナリスト／料理家／
ＩＡＣＰ（国際料理専門家協会）理事
マイクロソフト勤務などを経て、渡仏。2005年に37歳でフランスのル・コルドン・ブルーを卒業後、米国に帰国。2007年、『The Sharper Your Knife the Less You Cry』（邦訳『36歳、名門料理学校に飛び込む！』野沢佳織 訳、柏書房）が、ニューヨークタイムズ紙のベストセラーに選ばれ、2008年度Washington State Book Awardの「一般ノンフィクション部門」で最終選考に残る。2012年、『The Kitchen Counter Cooking School』で、米国ジャーナリスト・作家協会が選ぶASJA賞「自伝部門」を受賞。2017年、『The Kitchen Counter 〜』の邦訳『ダメ女たちの人生を変えた奇跡の料理教室』（村井理子 訳、きこ書房）が日本でベストセラーとなり、『世界一受けたい授業』（日本テレビ系列）に出演。現在は夫、愛犬（マディー）とともに、シアトルとフロリダを行き来しながら生活し、新聞や雑誌に寄稿しながら、料理家としても活躍。「料理ができない」ことで自信を持てない人たちに寄り添い、励まし続けている。

・ツイッター：@katflinn
・ウェブサイト：http://cookfearless.com/

訳 者
村井理子
むらい・りこ

翻訳家／エッセイスト／ファーストレディー研究家
1970年静岡県生まれ。訳書に『ダメ女たちの人生を変えた奇跡の料理教室』（きこ書房）、『ゼロからトースターを作ってみた結果』『人間をお休みしてヤギになってみた結果』（新潮社）、『７日間で完結！ 赤ちゃんとママのための「朝までぐっすり睡眠プラン」』（大和書房）、『ローラ・ブッシュ自伝 - 脚光の舞台裏』『ヘンテコピープルUSA』（中央公論新社）、など。著書に『犬（きみ）がいるから』（亜紀書房）、『村井さんちのぎゅうぎゅう焼き』（KADOKAWA）、『ブッシュ妄言録』（二見書房）。新潮社「Webでも考える人」で『村井さんちの生活』、亜紀書房「あき地」で『犬（きみ）がいるから』を連載中。琵琶湖のほとりで、夫、双子の息子、愛犬（ハリー）とともに暮らす。

・ツイッター：@Riko_Murai
・ブログ：https://rikomurai.com/

サカナ・レッスン
美味しい日本で寿司に死す

2019年6月9日　初版発行

著　者　キャスリーン・フリン
訳　者　村井理子
発行者　小林圭太
発行所　株式会社 CCCメディアハウス
〒141-8205
東京都品川区上大崎3丁目1番1号
電話 販売 03-5436-5721
編集 03-5436-5735
http://books.cccmh.co.jp

装　幀　渡邊民人（TYPEFACE）
本文デザイン　清水真理子（TYPEFACE）
装画・挿画　徳丸ゆう
写　真　吉田貴洋（コルプ）
本文監修　東京すしアカデミー
［第二幕／第五幕／サカナ・レッスン］
石井久夫（つきじ嘉久衛門）
［第三幕／第四幕／第七幕（178～183頁）］
取材アレンジ　小森美穂
通　訳　石原ラファエラ／中村美樹
校　正　株式会社円水社

印刷・製本　豊国印刷株式会社

ISBN978-4-484-19214-7